La R.F.A et la Politique Européenne
de Sécurité et de Défense

Allemagne d'hier et d'aujourd'hui
Collection dirigée par Thierry Feral

L'Histoire de l'Allemagne, bien qu'indissociable de celle de la France et de l'Europe, possède des facettes encore relativement méconnues. Le propos de cette collection est d'en rendre compte. Constituée de volumes généralement réduits et facilement abordables pour un large public, elle est le fruit de travaux de chercheurs d'horizons très variés, tant par leur discipline, que leur culture ou leur âge.
Derrière ces pages, centrées sur le passé comme sur le présent, le lecteur soucieux de l'avenir trouvera motivation à une salutaire réflexion.

Dernières parutions

Florence PACCHIANO, *Le Jumelage Bordeaux-Munich (1964-2008)*, 2009.
Ludwig KLAGES, *De l'Eros cosmogonique*, traduit de l'allemand et présenté par Ludwig Lehnen, 2008.
Jean-Philippe MASSOUBRE, *Histoire de l'IG-Farben (1905 - 1952)*, 2008.
L. BOURCET-SALENSON, *Stefanie Zweig et l'exil juif au Kenya sous le Troisième Reich*, 2008.
Hanania Alain AMAR, *Otto Gross et Wilhelm Reich. Essai contre la castration de la pensée*, 2008.
Thierry FERAL, *Contre la vie mutilée*, 2008.
Pierre-Frédéric WEBER, *Le triangle RFA-RDA-Pologne (1961-1975)*, 2007.
Hanania Alain AMAR, *Les savants fous. Au-delà de l'Allemagne nazie*, 2007.
Dominique SIMON, *Le mouvement pacifiste en RFA de 1979 à 1983*, 2007
Paul LEGOLL, *Konrad Adenauer,* 2007.
H. A. AMAR, T. FERAL, M. GILLET, J. MAUCOURANT, *Penser le nazisme. Éléments de discussion*, 2007.
Denis BOUSCH (dir.), *Utopie et science-fiction dans le roman de langue allemande*, 2007.

Olivier SCHMITT

La R.F.A et la Politique Européenne de Sécurité et de Défense

L'Harmattan

© L'Harmattan, 2009
5-7, rue de l'Ecole polytechnique ; 75005 Paris

http://www.librairieharmattan.com
diffusion.harmattan@wanadoo.fr
harmattan1@wanadoo.fr

ISBN : 978-2-296-07913-7
EAN : 9782296079137

Préface

A 21 ans, Olivier Schmitt est l'incarnation de cette jeunesse qui gagne, aux antipodes des amateurs de défilés qui cherchent à rester le plus longtemps possible dans la quiétude d'un système scolaire et universitaire les tenant éloignés du monde réel. En effet, Olivier Schmitt est l'image même de l'étudiant « iepien » dont les qualités, la culture générale et le début de spécialisation lui ont permis, dès l'obtention de son grand oral avec mention (14/20) le 5 juin 2008, de trouver un stage prometteur. Il s'est achevé le 15 septembre 2008 en tant que chargé de mission « Allemagne et Europe centrale » à la Délégation aux affaires stratégiques du ministère français de la Défense.

Ce profil volontaire du judoka et du violoniste depuis l'âge de 6 ans n'est pas celui du fort en thème retranché derrière le rempart de ses manuels. Souriant, très simple d'allure et de comportement, altruiste, Olivier a été délégué étudiant, respecté, au Conseil d'administration de Sciences Po Aix. Membre actif du Bureau des étudiants, il a été à mes côtés pour la logistique des fêtes et manifestations diverses du cinquantenaire, dont j'avais la charge, de l'Institut d'études politiques d'Aix-en-Provence en 2006. Bon vivant, un des animateurs des dégustations du Club œnologie qui lutte contre le fléau de l'alcoolisme de la nouvelle génération estudiantine par l'apprentissage du goût des richesses de nos terroirs, Olivier est aussi un pointeur recherché du Club pétanque. Dans cette curieuse « Bonne Maison » qu'est l'IEP d'Aix, dans un paysage de Cézanne, au Tholonet, au pied de la montagne Sainte-Victoire, professeurs et étudiants mêlés se défient dans des parties homériques...

Pourtant Olivier aurait de quoi être fier. Issu de la classe préparatoire aux grandes écoles du lycée Dumont d'Urville de Toulon, établissement à qui il a déjà consacré un article publié en 2006 dans *Mémoire et Identité Toulonnaise* (Presses de l'Université de Sud-Toulon-Var), outre son parcours sans faute à Sciences Po Aix, section relations européennes et internationales, il vient d'être admis à Genève, en master, au sein du très recherché Institut des Hautes Etudes Internationales et du Développement. Inutile de préciser que la langue de Goethe n'a aucun secret pour ce brillant sujet maniant par ailleurs, avec la même aisance, l'idiome de Shakespeare.

Mais l'essentiel de ce parcours exemplaire est la mise à profit du stage de neuf mois, de septembre 2006 à juin 2007 qu'il effectua à Berlin près l'ambassade de France. Ce séjour à l'étranger dont l'IEP d'Aix, bien avant le grand frère de Paris fut l'initiateur, illustre l'ouverture sur le contemporain de ce type d'établissement en prise avec les enjeux de la mondialisation.

Reproduit in extenso par les Editions L'Harmattan, le mémoire qui en est issu décline toutes les subtilités de la perception allemande de *L'Arlésienne*. C'est-à-dire la politique européenne de sécurité et de défense, celle dont on parle toujours sans la voir vraiment, celle qui ne cesse de faire des débuts prometteurs depuis la Macédoine, le Congo ou le Tchad, mais sans pouvoir passer le grand braquet en raison du concurrent « otanien ». Cet OTAN qui continue de gangréner l'Europe de l'après guerre froide en l'enfonçant avec ses schémas hors d'âge et ses penseurs « casques à boulons » dans une vraie guerre, très mal conduite, très loin, là-bas, dans les montagnes afghanes.

Très bien écrit, illustration d'un esprit analytique et d'une maturité rare pour un étudiant, doté par ailleurs d'une aptitude à la synthèse, ce mémoire a été soutenu le 17 mars 2008 devant un jury composé de mon collègue et ami Patrice Pourtal, spécialiste des Etats-Unis et chargé de conférences à Sciences Po Aix, directeur de recherches, et de votre serviteur. Il a obtenu la mention TB après une *disputatio* publique digne des traditions de l'Université.

Que retenir de ce coup d'essai qui est aussi un coup de maître : la démonstration de l'Allemagne « puissance civile » dont trop de cadres de la *Bundeswehr* ne sont plus que des fonctionnaires sous l'uniforme, ou bien le « romantisme pacifique » de son service militaire obligatoire, quoique ce géant industriel soit capable de détacher 7 000 soldats en opérations extérieures ?

En fait, ce travail évoque celui des plus fins analystes de nos services de renseignement. Maîtrisant un vaste corpus, l'auteur a eu la pertinence d'interroger 19 témoins, dont des acteurs de haut rang avec tout le culot de la jeunesse.

L'intérêt de ce travail concis, dans la lignée de spécialistes de l'Allemagne, toute proportion gardée, tels qu'Alfred Grosser, est bien de proposer au public français ce que le cousin germain pense de sa propre défense et de celle de l'Europe. Celle dont on attend qu'elle devienne, enfin, une « Europe puissance » à partir du moment où l'opinion publique, par-delà les technocrates de Bruxelles, sera capable de se demander à propos de l'esprit de défense sans lequel il ne peut y avoir d'engagement des forces pour un long terme : défendre quoi ? Contre qui ? Et comment ?

Ce dédoublement, ce regard croisé franco-allemand, étonnant quand on a tout juste vingt ans, débouchent sur une approche particulièrement riche restituant le plus difficile : l'étude de la mentalité de nos voisins d'outre-Rhin.

En bref, un travail novateur dû à un jeune talent. A l'étudiant-modèle Olivier Schmitt, qui voit s'ouvrir une brillante carrière devant son pas assuré, le spécialiste d'histoire militaire que je suis a envie de dire, en parodiant l'Empereur : « *Soldat, je suis content de vous* ! »

Aix, le 25 septembre 2008

Jean-Charles Jauffret
Professeur des Universités à l'Institut d'Etudes Politiques d'Aix-en-Provence
Directeur du master de recherches
Histoire militaire comparée, géostratégie, défense et sécurité

Remerciements

Ce travail n'aurait pu être réalisé sans le concours des officiers présents à la mission militaire près l'ambassade de France à Berlin entre l'automne 2006 et l'été 2007 (quand nous y avons effectué notre stage de troisième année de l'IEP d'Aix-en-Provence). Leur soutien constant, leur disponibilité et la confiance qu'ils nous ont accordée m'a permis de mener à bien toutes les recherches et de conduire tous les entretiens nécessaires à ce travail.

Je tiens donc à remercier pour leur aide le général de division Alain Daniel, attaché de défense, et le colonel Jean-Michel Meyer, attaché de l'air. Je remercie particulièrement le capitaine de vaisseau Thibaut Delort-Laval, attaché naval, qui m'a témoigné un soutien sans failles, y compris en relisant les premières épreuves de ce travail et le Colonel Bertrand-Louis Pflimlin, attaché de défense adjoint et attaché des forces terrestres, qui a été un maître de stage attentionné, disponible et dévoué.

Et, bien que je ne puisse pas les nommer ici, mes remerciements vont également aux sous-officiers et personnels civils de la mission militaire, grâce auxquels j'ai toujours pu travailler dans une ambiance exceptionnelle et qui m'ont permis d'apprendre de nombreuses choses sur la *Bundeswehr*.

Un grand merci à M. Patrice Pourtal d'avoir bien voulu diriger ce travail, ainsi que d'avoir été un formidable soutien depuis l'hypokhâgne.

Merci à M. Jauffret d'avoir accepté de préfacer cet ouvrage, et d'être un enseignant si fortement impliqué dans la vie de l'IEP et auprès des étudiants.

Merci à Delphine Deschaux-Beaume, docteur en sciences politiques de l'IEP Grenoble pour toutes ses indications et ses précieux conseils.

Merci à toutes les personnes interrogées de nous avoir témoigné leur confiance et de s'être prêtées au jeu de l'entretien.

Un immense merci à mes amis de Sciences Po Aix, auprès de qui et grâce à qui j'ai passé de merveilleuses années d'études : Zab, Frédérika, Clém, Jojo, JB, Barth, Julie, Mathilde, Kev, Yan, Flal, JM, Merri, Astrid, Steph, Yab et, bien sûr, Tribal.

Enfin, merci à mes grands-parents, Edmonde et Claude, ainsi qu'à Anne-Claire, Lucie et Olivier pour la précieuse aide qu'ils m'ont fournie en relisant et corrigeant les premières versions de ce travail.

Je dédie cet ouvrage à ma famille, en remerciement de son soutien inconditionnel, et particulièrement à ma mère.

Sommaire

Préface

Introduction

Avant-propos : Qu'est-ce que la PESD ?

Première partie : Eléments pour une compréhension de la politique étrangère et de sécurité de l'Allemagne.
Première section : La politique étrangère allemande de 1945 à la réunification
Deuxième section : Fondements de la politique étrangère et de sécurité de l'Allemagne depuis la réunification

Deuxième partie : L'Allemagne et la construction de la Politique Européenne de Sécurité et de Défense
Première section : Le rôle de l'Allemagne dans la construction de la PESD : la lecture de la politique étrangère
Deuxième section : L'analyse des conditions d'élaboration des politiques publiques allemandes en matière de PESD

Conclusion

Annexes

Liste des personnes interrogées

Bibliographie

Index des noms propres

Table des matières

Introduction

"Je crois qu'en matière de PESD, les Allemands ont le même objectif que les Français".
"L'axe franco-allemand en matière de défense est un leurre. Les Allemands ne partagent pas du tout nos ambitions pour l'Europe".

Ces deux citations contradictoires, recueillies auprès d'officiers supérieurs français (respectivement à Berlin et à Bruxelles) illustrent bien le problème spécifique que pose l'étude de la perception allemande de la Politique Européenne de Sécurité et de Défense.
En effet, il semble apparaître, au premier abord, que le comportement des Allemands soit à ce point ambigu qu'il puisse être interprété de deux manières radicalement différentes. C'est pour tenter de comprendre cet apparent paradoxe que nous nous sommes lancés dans cette étude.

L'Allemagne est, depuis le début de la construction européenne, un des pays piliers de ce que l'on appelle aujourd'hui l'Union Européenne. Elle a fait partie de la CECA, a signé les traités de Rome et a été de toutes les grandes avancées de la construction européenne. Suivant cette logique, elle devrait être un des pays moteurs de la construction des instruments de l'autonomie européenne en matière de sécurité. On constate cependant à Bruxelles que l'Allemagne est un des pays qui présente le moins de "non-papiers" destinés à alimenter la réflexion.
En effet, conclure hâtivement que l'Allemagne devrait nécessairement jouer un rôle moteur dans la promotion de la défense européenne serait oublier qu'elle a été un pays divisé, qui entretient toujours une méfiance particulière à l'encontre de son armée. Depuis la réunification, on entend régulièrement dire que "l'Allemagne se normalise". En un certain sens, cette affirmation est véridique, puisque les troupes allemandes sont engagées dans plusieurs régions du monde. Mais quel est le sens que les Allemands donnent à cette "normalisation" ? Comment perçoivent-ils le monde et ses menaces ? Quel avenir envisagent-ils pour l'Union européenne ?

Les réponses à ces questions fondent, en partie, le comportement de l'Allemagne sur la scène internationale.

Mais, dans cette nouvelle politique étrangère allemande, quelle place occupe le développement de la PESD ? Et comment expliquer les comportements ambivalents, voire opposés, qu'adoptent les Allemands suivant leur poste dans l'appareil administratif ?

Nous allons tenter, dans les pages qui suivent, d'apporter des réponses à ces questions malheureusement trop peu traitées en France.

Les enjeux de ce travail sont multiples.

Tout d'abord, il s'agit d'essayer de faire comprendre à un lecteur, particulièrement un lecteur français, quelles sont les réalités de la politique étrangère et de sécurité de l'Allemagne, notamment dans le domaine de la PESD. Il s'agira d'essayer de comprendre à la fois les visions du monde des Allemands et les spécificités de leur système administratif.

Nous avons ainsi l'ambition de faire œuvre pédagogique en aidant à faire connaître notre grand voisin et notre principal partenaire. Pour ce faire, nous comparerons la situation allemande à la situation française chaque fois que la comparaison sera pertinente, ce qui est loin d'être toujours le cas.

Pour étudier la perception allemande de la PESD, nous avons essayé, grâce à nos entretiens, de démêler le fil des perceptions allemandes du monde extérieur. Nous avons tenté de comprendre, comment les Allemands se représentent le monde dans lequel ils vivent. Nous avons aussi essayé de saisir les logiques administratives à l'œuvre dans la prise de décision en matière de PESD. Cette approche a été possible grâce à notre travail en tant que stagiaire à la mission militaire près l'ambassade de France en Allemagne, qui nous a confronté à l'appareil administratif allemand.

L'autre objectif de ce travail est théorique. Il s'agit d'essayer de comprendre comment une politique étrangère, qui est censée être structurée et uniforme, peut être perçue de manière radicalement opposée selon les interlocuteurs des Allemands.

Nous montrerons ainsi que les approches théoriques classiques, qui se représentent la politique étrangère comme un bloc uniforme sont, dans le cas présent, peu capables de saisir la position allemande.

Nous avançons l'idée que l'étude des procédures administratives est beaucoup plus porteuse, nous plaçant ainsi dans le courant établi par Graham Allison et son désormais classique *Essence of Decision*[1], dans lequel il établit le rôle des "routines organisationnelles" et des conflits entre administrations dans la prise de décision.

Nous souhaitons donc adopter une approche behavioriste en montrant le rôle de l'"esprit" allemand, des spécificités culturelles d'un pays dont l'histoire imprègne si fortement le présent. Ainsi, nous avons essayé de comprendre, dans la mesure du possible, les éléments culturels qui influent sur la perception qu'ont les Allemands du monde extérieur.

Nous pensons donc que la position allemande concernant la PESD ne peut être comprise qu'en combinant deux facteurs : les spécificités culturelles (qui influent sur la représentation que les acteurs ont du monde et de leur Histoire) et les spécificités administratives (qui contribuent au processus de prise de décision).

Ainsi, nous étudierons les principales caractéristiques de la politique étrangère de l'Allemagne, qui nous permettent de comprendre les perceptions de ses acteurs, avant de nous attarder sur le cas spécifique de la PESD.

Nous devrons d'abord évoquer brièvement l'Histoire et les enjeux que recouvre la Politique Européenne de Sécurité et de Défense.

---

[1] Graham Allison, *Essence of Decision, Explaining the Cuban Missile Crisis*, Boston, Little Brown, 1971.

Avant-propos : qu'est-ce que la PESD ?

Avant de nous engager dans l'étude de la perception allemande de la PESD, nous devons tout d'abord présenter brièvement cette politique européenne singulière. Nous allons donc faire un bref rappel historique qui concernera la mise en place de la PESD, avant de décrire ses institutions et de présenter les défis auxquels elle est confrontée.

1) Brève histoire de la PESD

Le drame des conflits yougoslaves, au cours desquels l'Europe fut incapable d'intervenir efficacement, révéla aux Européens leurs lacunes militaires, confirmées quelques années plus tard par l'intervention de l'OTAN au Kosovo (qui se fit principalement sous conduite américaine). Un rapprochement franco-britannique inédit se produisit alors, dû à plusieurs processus conjoints :

- une frustration des dirigeants français et anglais face à la faiblesse relative de leurs appareils militaires révélée par les conflits en Bosnie et l'idée qu'une coopération européenne en la matière permettrait de disposer d'un outil efficace
- des attentes différentes des deux gouvernements face à l'OTAN, mais qui nécessitaient un rapprochement tactique à court terme[1]

---

[1] La France amorça un rapprochement de l'OTAN, ce qui contribua à rassurer les Anglais. En effet, en Bosnie, l'étroite coopération sur le terrain entre les troupes françaises et britanniques avait permis la création d'une solidarité de fait entre les hiérarchies militaires. La participation de la France à l'IFOR leva également un tabou en la matière et, le 5 décembre 1995, la France annonça au Conseil de l'Atlantique Nord son retour au Comité militaire de l'OTAN. Ce retour devait se faire en contrepartie d'une modernisation de l'Alliance et du développement de l'Identité Européenne de Sécurité et de Défense (IESD, adoptée en janvier 1994) en son sein, afin que l'OTAN devienne une organisation militaire à deux piliers. Malheureusement, le refus américain d'accorder à la France le commandement sud de l'OTAN, basé à Naples, entraîna un blocage. Au sommet de Madrid de juillet 1997, la France annonça son intention de ne pas prolonger son rapprochement avec l'OTAN et de ne pas

- une accélération de la construction européenne depuis le traité de Maastricht et le sentiment partagé de la nécessité de développer le rôle de l'UE sur la scène internationale.

Ce rapprochement donna lieu au sommet de Saint-Malo du 4 décembre 1998, qui lança officiellement la défense européenne.

A la suite de l'impulsion politique initiale du sommet de Saint-Malo, la présidence allemande du conseil de l'Union Européenne du premier semestre 1999 (aidée par l'entrée en vigueur du traité d'Amsterdam) prit plusieurs mesures facilitant la mise en œuvre de la PESD.

Ces travaux trouvèrent une consécration lors du sommet européen de Cologne, les 3 et 4 juin 1999. Les Etats-membres firent part de leur détermination à "*voir l'Union européenne jouer pleinement son rôle sur la scène internationale. A cette fin, nous avons l'intention de doter l'Union Européenne des moyens et capacités nécessaires pour assumer ses responsabilités concernant une politique européenne commune en matière de sécurité et de défense (...). L'Union doit disposer d'une capacité d'action autonome soutenue par des forces militaires crédibles, avoir les moyens de décider d'y recourir et être prête à le faire afin de réagir aux*

---

rejoindre les structures intégrées. L'impossibilité pour la France de ne pas pouvoir disposer au sein de l'Alliance du poids qu'elle estimait devoir lui revenir a certainement pesé dans sa volonté de créer ce qui deviendrait la PESD, en abandonnant l'espoir que l'Union de l'Europe Occidentale (UEO) jouerait le rôle de creuset de la défense européenne.

De leur côté, les Britanniques étaient conscients des limites de l'Identité Européenne de Sécurité et de Défense au sein de l'Alliance, tant que celle-ci demeurerait pour le Congrès américain un moyen de réduire l'engagement des Etats-Unis en Europe. Voulant que son pays joue un rôle important dans l'Union Européenne, le gouvernement de Tony Blair estima qu'il lui était possible, du fait des capacités militaires de la Grande-Bretagne, de jouer un rôle de leader dans la Défense européenne.

crises internationales, sans préjudice des actions entreprises par l'OTAN"[1].

Plusieurs changements institutionnels furent apportés. Javier Solana fut nommé au poste de Haut Représentant pour la PESC; le Comité Politique et de Sécurité (COPS), composé d'ambassadeurs de chaque Etat-membre et se réunissant deux fois par semaine, fut créé. On institua le Comité Militaire de l'Union Européenne (CMUE), chargé de faire des recommandations au COPS et au Conseil et, enfin, on mit en place l'Etat-major de l'UE (EMUE), qui est notamment chargé de l'appréciation des situations et de la planification stratégique dans le cadre des missions de Petersberg, définies par l'UEO en 1992[2].

Les 11 et 12 décembre 1999, un an après Saint-Malo, le sommet d'Helsinki franchit une étape décisive dans le domaine de la PESD. Il définit un objectif global, le *headline goal* d'Helsinki, en vertu duquel les Etats-membres seraient en mesure d'ici l'année 2003 de se doter de forces capables de mener à bien l'ensemble des missions de Petersberg, dans des opérations pouvant aller jusqu'au niveau d'un corps d'armée de 15 brigades, soit 50.000 à 60.000 hommes. Les forces devraient pouvoir être disponibles pendant un an, et leur déploiement devrait pouvoir s'effectuer en 60 jours au maximum et fournir, dans l'intervalle de ces 60 jours, des éléments légers capables d'une réponse plus rapide. Il s'agit d'un "réservoir" de forces dans lequel l'Union peut puiser si le Conseil en décide à l'unanimité.

Les institutions prévues à Cologne et Helsinki commencèrent à fonctionner en mars 2000. Au Conseil européen de Nice, les 7 et 8 décembre 2000, le COPS, le CMUE et l'EMUE furent rendus permanents.

---

[1] "De Saint-Malo à Nice, Les Textes Fondateurs de la Défense Européenne, vol.1", textes réunis par Maartje Rutten, *Cahiers de Chaillot* n° 47, Paris, Institut d'Etudes de Sécurité de l'UE, mai 2001
[2] Missions humanitaires et d'évacuation, missions de maintien de la paix et missions de combat pour la gestion des crises, y compris les missions de rétablissement de la paix.

Après avoir défini le "*headline goal*" en 1999, un catalogue de forces et de capacités spécifiques, fondé sur différents scénarii d'intervention, recensant 144 capacités réparties en 7 catégories fut approuvé à l'automne 2000. Les Etats-membres précisèrent ensuite les moyens qu'ils pouvaient fournir pour atteindre l'objectif global d'Helsinki. Cela représente au total 100.000 hommes, 100 bâtiments de guerre et 400 avions de combat.

Lors du Conseil européen de Laeken, en décembre 2001, la PESD fut déclarée opérationnelle.

Les accords "Berlin +" signés avec l'OTAN le 16 décembre 2002 marquèrent une nouvelle étape. Ces accords permettent à l'Union d'utiliser les moyens et les capacités de l'OTAN et concernent trois domaines : l'accès aux moyens de planification de l'OTAN, les options de commandement européen de l'OTAN et l'utilisation des moyens et des capacités de l'OTAN[1].

A l'issue de ces évolutions, les ministres de la Défense de l'UE déclarèrent, lors de la deuxième conférence sur les capacités militaires à Bruxelles en mai 2003 qu' "*en se fondant sur le catalogue des forces d'Helsinki de 2003, l'Union dispose maintenant d'une capacité opérationnelle couvrant tout l'éventail des missions de Petersberg, limitée et restreinte par des lacunes recensées. Ces limitations et/ou contraintes concernent les délais de déploiement et les opérations du haut du spectre en termes d'ampleur et d'intensité qui peuvent comporter des risques élevés, notamment lorsque plusieurs opérations sont menées simultanément*"[2].

Malgré ces réserves, l'année 2003 a permis à l'UE de monter ses premières opérations. L'UE, en effet, conduisit trois opérations :
- une opération de police en Bosnie-Herzégovine en remplacement du

---
[1] Voir *infra* pour les enjeux liés à la relation OTAN/UE
[2] Déclaration sur les capacités militaires de l'UE, 19 mai 2003.

- Groupe international de police des Nations unies
- l'opération Concordia, relève des forces de l'OTAN en Macédoine à partir de mars 2003, remplacée par l'opération de police Proxima, à partir du 15 décembre 2003
- la première opération militaire, Artémis, en République démocratique du Congo.

Ces opérations ont toutes été des succès, ce qui a certainement décomplexé les responsables, qui ont vu qu'ils disposaient d'un outil efficace, bien que cantonné pour l'instant à des missions de basse intensité.

Le 29 avril 2003, une mini-crise secoua les acteurs européens. En effet, l'Allemagne, la France, la Belgique et le Luxembourg (d'où le surnom de "clubs des chocolatiers" qui sera donné ultérieurement) se réunirent de façon informelle au sommet de Tervuren et évoquèrent pour la première fois un centre d'opérations autonomes pour l'UE. Cette initiative fut perçue comme une volonté de consolider le camp anti-guerre en Irak. Elle semblait mettre en cause "l'esprit de Saint-Malo" et fut comprise à Londres comme une manœuvre destinée à remettre en question le leadership britannique dans un des rares domaines où il est susceptible de s'exercer. Les réactions négatives furent d'une vivacité extrême. Tout l'épisode est une manifestation de la panne diplomatique qui a marqué les premiers mois de 2003 : absence de communication aboutissant à des soupçons injustifiés, accompagnée de déclarations publiques agressives rendant le climat général de plus en plus délétère.

Néanmoins, forte de ses succès opérationnels, l'Union comprit la nécessité de définir son cadre stratégique et adopta la Stratégie Européenne de Sécurité (SES) en décembre 2003. Ce document, rédigé par Javier Solana[1] et intitulé "*Une Europe Sûre dans un Monde Meilleur*" identifie les menaces auxquelles devra faire face l'Union (terrorisme, prolifération…) et définit

---

[1] Stratégie Européenne de Sécurité, disponible sur www.iss-eu.org/solana/solana/f.pdf

les ambitions de l'UE sur la scène internationale : "*Face aux nouvelles menaces, c'est à l'étranger que se situera souvent la première ligne de défense*"[1]. Ce document a été critiqué, particulièrement en France, car il serait influencé par les perceptions américaines du monde et ne constituerait qu'un duplicata édulcoré des concepts stratégiques américains.

Outre que cette thèse soit contestable[2], la SES permet désormais de fournir un cadre cohérent aux missions PESD et a eu le grand mérite de fédérer 15 visions du monde différentes (27 désormais)[3]. Comme l'écrit Edouard Pflimlin, "*quoi qu'il en soit, sur le plan de la défense, la stratégie européenne de sécurité implique des interventions extérieures et un développement des capacités militaires de l'Union*"[4], ce qui est un grand pas pour un sujet qui était tabou quelques années plus tôt.

2) Des institutions complexes

2-a) Les organes politico-militaires du Conseil de l'Union Européenne

Ils sont au nombre de trois : le COPS, le CMUE et le groupe Relex. Ces organes ont d'abord été créés sous forme

---

[1] *Idem*
[2] En comparant la SES et la Stratégie Nationale de Sécurité adoptée par le Congrès américain le 17 septembre 2002, Sven Bernhard Gareis montre que l'identification de menaces similaires conduit à des réponses totalement différentes mais complémentaires. Sven Bernhard Gareis, "Sicherheitspolitik zwischen Mars und Venus? Die Sicherheitsstrategien der USA und der EU im Vergleich", in Johannes Varwick (sous la dir.), *Die Beziehungen zwischen NATO und EU, Partnerschaft, Konkurrenz, Rivalität?*, Opladen, Verlag Barbara Budrich, 2005.
[3] Pour une bonne analyse de la SES, voir Jean-Yves Haine, "Brève Histoire de la PESD", *art.cit.*
[4] Edouard Pflimlin, *Vers l'Autonomie des Capacités Militaires de l'UE?*, Paris, Fondation Robert Schuman, mai 2006.

intérimaire en février 2000[1], avant d'être officialisés par le Traité de Nice. Composés de représentants des Etats-membres, ils sont placés sous l'autorité du Conseil et doivent permettre la prise de décision directement au niveau de l'UE en cas de crise nécessitant une réponse militaire.

> *Le Comité Politique et de Sécurité (COPS)*

Le COPS est placé auprès du Conseil de l'Union, est composé de représentants de chacun des Etats-membres, qui ont rang d'ambassadeur, ainsi que d'un représentant de la Commission européenne et se réunit deux fois par semaine. Il s'agit du "*centre névralgique du processus décisionnel et le principal acteur dans la définition des orientations politiques européennes en matière de PESC et de PESD*"[2]. Selon l'article 25 du Traité de l'Union Européenne, il est chargé de surveiller la situation internationale, d'émettre des avis, de présenter des propositions au Conseil et de surveiller la mise en œuvre des politiques convenues. Il exerce également, sous responsabilité du Conseil, le contrôle politique et la direction stratégique des opérations de gestion de crise. Il adresse également des directives au Comité militaire et en reçoit les avis et les recommandations.

> *Le Comité Militaire de l'Union Européenne (CMUE)*

Il s'agit de l'organe militaire le plus élevé au sein du Conseil, rassemblant les Chefs d'Etat-Major (CEMA) des pays membres représentés par leurs représentants militaires (Repmil) au cours de réunions hebdomadaires. Le président du CMUE[3] est désigné par le Conseil sur proposition des CEMA pour une période de trois ans et participe aux réunions du COPS. Le

---

[1] Décisions du Conseil de l'UE du 14 février 2000 n° 2000/143/PESC, n°2000/144/PESC et n°2000/145/PESC.
[2] André Dumoulin, Raphaël Mathieu, Gordon Sarlet, *La Politique Européenne de Sécurité et de Défense (PESD), de l'Opératoire à l'Identitaire. Genèse, Structuration, Ambitions, Limites*, Bruylant, Bruxelles, 2003, p. 328.
[3] Il s'agit actuellement du Général d'Armée Bentégeat, ancien CEMA français.

CMUE, qui se réunit tous les mercredis, formule des avis militaires et des recommandations destinées au COPS, ainsi que des directives à l'EMUE (qui fait partie du Secrétariat général du Conseil), constituant l'interface entre les niveaux politiques et militaires.

En période de gestion de crise, le rôle d'interface entre les niveaux opératifs et politiques que joue le CMUE devient primordial. En effet, à la demande du COPS, il adresse une directive initiale au directeur général de l'EMUE lui demandant de définir et présenter des options militaires stratégiques, qu'il évalue et transmet au COPS en l'assortissant de son évaluation et de son avis militaire. Lors d'une opération militaire de l'UE, le président du CMUE sert de contact principal avec le commandant de l'opération.

Le CMUE a un caractère particulier puisque certains de ses membres siègent également au Comité militaire de l'OTAN et ont donc une "double casquette". Il s'agit des représentants de tous les pays membres des deux organisations, à l'exception de la France et de la Belgique. Il semblerait que ce système de "double casquette" crée une ambiance délétère dans le travail quotidien au CMUE : de nombreux Repmil considéreraient que le travail le plus important se situe à l'OTAN et non pas à l'UE[1].

La préparation des travaux du CMUE est assurée par le Groupe de Travail du Comité Militaire (GTCMUE), composé des adjoints et assistants des représentants militaires.

➤ *Le groupe des conseillers pour les relations extérieures (RELEX)*

Ce groupe rassemble les conseillers en charge des relations extérieures de chaque représentation permanente auprès de l'Union Européenne. Il s'agit d'un organe inter-piliers traitant tous les aspects horizontaux, notamment institutionnels, juridiques et budgétaires du domaine PESC/PESD. Il prépare les actions communes qui décident la mise en œuvre des opérations de gestion de crise de l'Union.

---

[1] Entretien avec un officier supérieur français, Bruxelles.

2-b) Les structures intégrées

Ce sont des structures de l'Union Européenne qui travaillent exclusivement sur la PESC/PESD. Elles sont donc chargées de la mise en œuvre des décisions politiques prises par les structures politico-militaires.

> *Le Secrétaire général/Haut représentant pour la PESC*

Le Haut Représentant (HR) pour la PESC a été institué par le traité d'Amsterdam en 1997 et s'ajoute à la fonction du Secrétaire général du Conseil de l'Union européenne (qui existe depuis le traité de Maastricht) et qui a comme fonction de coordonner les activités du Secrétariat du Conseil, qui apporte un soutien à la présidence tournante de l'UE. "*A la demande de la présidence, il peut conduire le dialogue politique avec les tiers au nom du Conseil*"[1] et devient donc *de facto* l'image la plus visible de la politique internationale de l'Union européenne. Dans les situations de gestion de crise, le SG/HR joue un important rôle d'impulsion et il peut, après consultation de la présidence, présider le COPS, notamment en cas de crise. Il s'agit actuellement de l'ancien secrétaire général de l'OTAN, Javier Solana, qui est unanimement salué pour son engagement en faveur de la PESC/PESD.

> *L'Etat-Major de l'Union Européenne (EMUE)*

L'EMUE est la source de l'expertise militaire de l'UE. Il est constitué de militaires détachés par les Etats-membres auprès du Secrétariat Général du Conseil et assure les tâches qui lui sont données par le CMUE. Il s'agit principalement de l'expertise militaire à destination des organes civils du Conseil, de l'alerte rapide en liaison avec le SITCEN et de la planification dans le cadre des missions de Petersberg, y

---

[1] Représentation permanente de la France auprès de l'UE, *Guide de la Politique Européenne de Sécurité et de Défense* disponible à www.rpfrance-ue.org.

compris l'identification des forces européennes nationales et multinationales[1]. Statutairement, le directeur général de l'EMUE (DGEMUE) assume également la fonction de conseiller du SG/HR pour les questions militaires.

3) Les défis auxquels est confrontée la PESD

3-a) Les faiblesses militaires de l'UE

Elles recouvrent principalement cinq domaines, selon l'analyse officielle : la déployabilité, le transport aérien stratégique, les moyens C4ISR (*Command, Control, Communications, Computers, Intelligence, surveillance, recon*), l'acquisition du renseignement et les besoins NRBC (nucléaire, radiologique, bactériologique et chimique)[2].

3-b) Les relations entre la PESD et l'OTAN

La PESD et l'OTAN sont deux institutions extrêmement différentes. Comme le note Henning Riecke : "*l'OTAN est une alliance militaire comportant une dimension politique, l'UE est une union politique en armes*"[3].

Effectivement, la mission principale de l'OTAN est de conduire les opérations militaires décidées par ses membres et qui peut éventuellement servir de forum de discussion entre les Etats-Unis et l'Europe, mais seulement pour les questions de défense.

L'Union Européenne est bien plus que cela : c'est une organisation politique dont la PESD ne constitue qu'un aspect

---

[1] Décision du Conseil du 22 janvier 2001 instituant l'EMUE (2001/80/PESC/L 27/7/30.01.2001).
[2] Un processus d'identification précises des lacunes et besoins militaires est au cours au sein des institutions.
[3] Henning Riecke, "Strategiediskussionen in NATO und EU über die neuen Sicherheitsbedrohungen", in Johannes Varwick (sous la dir.), *Die Beziehungen zwischen NATO und EU, Partnerschaft, Konkurrenz, Rivalität?*, *op. cit.* p.112.

des relations extérieures. Ainsi, toutes les tentatives visant à établir un dialogue d'égal à égal entre l'UE et l'OTAN doivent être combattues. Les accords doivent se jouer dans le domaine des structures PESD et pas ailleurs[1].

Néanmoins, force est de constater que les moyens militaires dont dispose l'OTAN sont, du fait de la présence des Etats-Unis, sans commune mesure avec ceux que l'Union Européenne peut aligner. Les capacités militaires largement supérieures de l'OTAN font que l'Alliance restera encore longtemps le principal garant de la sécurité militaire[2] européenne.

Mais le comportement des Etats-Unis, principale puissance militaire au sein de l'Alliance, pose un problème. En effet, les tentations unilatérales de l'administration Bush, négligeant ouvertement l'OTAN (et donc les partenaires européens) pour la conduite de ses opérations militaires récentes (Afghanistan et Irak), montrent que l'Europe n'est plus une priorité stratégique pour les Etats-Unis. De plus, la réduction et le redéploiement en cours des forces américaines en Europe ne sont pas, contrairement à ce que l'on a pu affirmer, une punition infligée aux Européens pour ne pas avoir soutenu l'intervention en Irak. Il s'agit seulement de la preuve que le nouvel enjeu stratégique pour Washington se situe désormais sur sa côte pacifique, c'est-à-dire vers l'Asie.

Face à ce désengagement, la réaction des pays européens est double.

D'un côté, la France et quelques autres, prenant acte du retrait américain, estiment que le meilleur moyen d'assurer la sécurité de l'Europe est de développer la PESD, puisque

---

[1] Il s'agit d'une opinion personnelle sur un sujet extrêmement polémique et important que, faute de place, nous ne pouvons pas traiter en détails ici. Néanmoins, on pourra se reporter à la bibliographie afin de trouver des informations sur la question.

[2] En effet, on distingue généralement sécurité militaire, sécurité économique, sécurité environnementale et sécurité sociétale. L'OTAN doit rester le garant de la seule sécurité militaire. Sur les différents types de sécurité, voir Charles-Philippe David, *La Guerre et la Paix, Approches Contemporaines de la Sécurité et de la Stratégie*, Paris, Presses de Sciences Po, 2000.

l'engagement des Etats-Unis dans l'OTAN devient de plus en plus sujet à caution.

De l'autre côté, les pays les plus atlantistes, Grande-Bretagne en tête, estiment que le renforcement de l'OTAN contraindra les Etats-Unis à rester en Europe, ce qui serait le meilleur moyen de garantir la sécurité du continent.

Il est évident que, du fait de la disparité des moyens militaires entre l'UE et l'OTAN, la présence des Etats-Unis reste indispensable pour toute opération de haute intensité ; mais c'est là une raison de plus pour développer les capacités militaires européennes.

Ce développement suppose la hausse des budgets militaires et l'adaptation structurelle des armées européennes aux nouveaux conflits contemporains.

Néanmoins, il n'existe pas encore de marché européen de l'armement unifié et les enjeux industriels et sociaux sont trop grands pour que les Etats-membres se départissent de leurs prérogatives en matière de choix et de fourniture d'équipements militaires[1].

Mais rien n'empêche d'appliquer une forme de "préférence communautaire" en matière de programmes d'équipements. A cet égard, le choix de certains Etats-membres de s'équiper en matériel américain est préoccupant. On peut également envisager des coopérations privilégiées entre certains Etats-membres pour l'acquisition de matériels communs. La France et l'Allemagne ont ouvert la voie avec leur coopération sur le programme d'hélicoptère de combat *Tigre.* Il serait souhaitable d'inscrire ces coopérations dans un cadre européen, afin que les Etats souhaitant acquérir des matériels communs disposent d'un cadre juridique équivalent[2].

---

[1] Hélène Masson : "Quel Marché de Défense Européen ?", note de la Fondation pour la Recherche Stratégique, 17 mai 2006. Disponible à www.frs.org.
[2] Pour plus de détails, voir Louis Louis Gautier, *Face à la Guerre*, Paris, La Table Ronde, 2006. pp. 372-378.

Le rôle de l'Agence Européenne de Défense (AED) dans les coopérations en matière de défense sera déterminant dans les prochaines années.

S'il est vrai qu'à court et moyen terme, et cela afin de lui laisser le temps de développer ses capacités militaires, l'UE doit entretenir des rapports avec l'OTAN afin de garantir sa sécurité, il ne faut pas perdre de vue ce qui, selon nous, devrait être l'objectif final : la capacité de l'UE d'assurer elle-même sa défense.

Ce n'est pas faire concurrence aux Etats-Unis que de chercher à doter l'UE de moyens de défense propres. Le partenariat stratégique entre les Etats-Unis et l'Europe sera renforcé si les Américains estiment pouvoir disposer d'un allié fiable et puissant en l'Union Européenne.

Première partie : éléments pour une compréhension de la politique étrangère et de sécurité de l'Allemagne

« Un peuple qui oublie son passé se condamne à le revivre » (Winston Churchill)

« Heureux celui qui oublie ce qu'on ne peut plus changer » (Johann Strauss)

Le but de cette partie de notre réflexion est de faire comprendre au lecteur quels sont les principaux ressorts de l'action extérieure allemande. Nous n'avons pas l'ambition de prétendre à une description exhaustive de la politique extérieure de la République Fédérale d'Allemagne (RFA), sur laquelle on peut trouver des études par ailleurs[1]. Nous nous attacherons plutôt à essayer de comprendre les représentations allemandes du monde, qui influent nécessairement sur sa diplomatie.

Nous allons étudier les événements historiques et les principaux facteurs culturels qui influencent les comportements allemands dans le domaine de la politique de sécurité et de défense et notamment les rapports particuliers qu'entretiennent les Allemands avec leur passé.

Nous allons ainsi pouvoir constater que certaines habitudes prises à l'époque de la partition de l'Allemagne continuent de jouer un rôle aujourd'hui.

Nous étudierons ensuite les principales mutations de la politique extérieure de la RFA depuis la réunification. Un accent sera mis sur la description des acteurs de la politique extérieure et de sécurité avant d'étudier les principaux faits saillants de cette politique.

Il s'agit ainsi de tenter une étude culturelle qui permettra de comprendre le cadre général de la politique étrangère allemande.au sein duquel s'élabore la politique suivie envers la PESD.

---

[1] Voir par exemple l'excellent livre de Jacques-Pierre Gougeon, *Allemagne : une Puissance en Mutation*, Paris, Gallimard, 2006.

A) La politique étrangère allemande de 1945 à la réunification

A la fin de la Seconde Guerre mondiale, l'Allemagne se retrouve divisée, occupée à l'est par les troupes soviétiques et à l'ouest par les Etats-Unis et leurs alliés. La République Fédérale d'Allemagne, devenue un enjeu de la lutte entre l'Est et l'Ouest, va alors devoir à la fois assurer sa sécurité, redevenir un acteur international responsable et fréquentable par les grandes puissances et ne pas perdre de vue l'objectif final : la réunification allemande.

Cette stratégie va conduire à la recherche d'un équilibre entre le besoin de sécurité (assurée dans le cadre de l'OTAN et du partenariat transatlantique), l'affirmation de sa souveraineté (par un soutien à la construction européenne et aux institutions multilatérales) et l'objectif de la réunification.

Une culture diplomatique spécifiquement allemande va même émerger, marquée par une tendance au multilatéralisme et à la recherche du consensus entre les positions de ses deux principaux alliés : la France et les Etats-Unis. Néanmoins, la dépendance en matière de sécurité à l'égard de l'OTAN va permettre à l'Allemagne de faire l'économie d'une réflexion générale et approfondie sur les relations internationales.

Enfin, les péripéties de l'unification, et notamment les rôles qu'ont joué la France et les Etats-Unis, vont marquer les esprits en Allemagne et influencer la perception qu'ont les Allemands de ces deux pays.

A-1) Faire de la RFA un Etat souverain et respectable : entre recherche de la sécurité et engagement multilatéral

A-1-a) Quelle politique étrangère pour l'Allemagne ?

Suite à la Seconde Guerre mondiale, trois courants de politique étrangère furent présents dans les débats politiques[1].

Le chrétien-démocrate Jacob Kaiser, en premier lieu, souhaitait voir la RFA jouer un rôle de médiateur entre l'Est et l'Ouest.

De son côté, Konrad Adenauer songeait à une intégration dans le camp occidental, acceptant la partition du monde en deux camps. *"La politique étrangère devait ainsi se présenter d'abord comme anticommuniste, et ensuite seulement comme nationale : la "solution organique de la question allemande" était possible selon K. Adenauer seulement à travers "une solution européenne", c'est-à-dire la réconciliation avec la France et l'interdépendance maximale entre la France et l'Allemagne"*[2].

Enfin, le social-démocrate Kurt Schumacher, s'il partageait avec Adenauer l'opinion selon laquelle la principale menace était le communisme, refusait toute réconciliation avec la France, qu'il considérait comme un pays ennemi. Il préférait une unification de l'Ouest sous égide anglo-saxonne. Ce n'est qu'à la fin des années 1950 que le SPD, sous l'influence d'Ernst Reuter et de Willy Brandt, accepta la politique étrangère de Konrad Adenauer.

A-1-b) L'ancrage à l'ouest : assurer la sécurité

De 1945 à 1949, l'Allemagne fut administrée par les alliés, la partition Est-Ouest se cimentant en 1948, suite à la réforme monétaire introduite dans les trois secteurs occidentaux unifiés. Très tôt, la RFA se trouva donc au coeur des

---

[1] Susan Nies, "Des Fondements de la Politique Etrangère Allemande", *La Revue Internationale et Stratégique* n°61, Printemps 2006.
[2] *Idem.*

antagonismes américano-soviétiques, ce qui contribua à son ancrage rapide dans les structures occidentales. Ainsi, comme l'écrit Helga Haftendorn, "*au début, il y avait les Alliés*", à rebours d'une historiographie allemande qui veut "*qu'au début, il y avait Adenauer*"[1].

On ne peut toutefois minorer le rôle du Chancelier dans la définition de la politique étrangère de la RFA. Peu après les élections au *Bundestag* de 1949, il fixa comme objectif l'ancrage de son pays dans le camp occidental[2] et l'apaisement des relations avec la France.

De plus, l'article 146 de la Loi Fondamentale imposée par les Alliés et adoptée le 23 mai 1949 conférait à l'Allemagne le droit de fonder un "ordre politique" mais pas un Etat. Les questions les plus graves devraient être examinées par la Haute Commission des Alliés. L'Allemagne ne pouvait donc pas jouir de l'exercice de la souveraineté sur son territoire.

Se posait également la question sécuritaire.

Le calcul d'Adenauer était simple : dans la lutte qui s'annonçait avec l'Union Soviétique, les alliés occidentaux (et particulièrement les Etats-Unis) auraient besoin de renforcer le poids de l'Allemagne, pivot géostratégique essentiel. Il fallait donc en convaincre la France, farouchement opposée à un quelconque réarmement allemand, ainsi que le Royaume-uni.

Ainsi, lorsque Robert Schuman, le 9 mai 1950, proposa son plan de création d'une Communauté Européenne du Charbon et de l'Acier (CECA), visant à empêcher tout nouveau conflit par l'interpénétration des économies, les Allemands l'acceptèrent. Ce traité satisfaisait les deux parties. En effet, la

---

[1] Helga Haftendorn, *Deutsche Außenpolitik zwischen Selbstbeschränkung und Selbstbehauptung*, DVA, Stuttgart, 2001. Cité par Susan Nies, "Des Fondements de la Politique Etrangère Allemande", *art. cit.* L'expression "au début, il y avait Adenauer" est de Arnulf Barning, *Außenpolitik in Andenauers Kanzlerdemokratie*, Oldenburg, Munich et Berlin, 1969. Cette thèse a été reprise par de nombreux historiens allemands, soucieux de donner une identité propre à la RFA et d'éviter un nouveau "syndrome de Versailles".
[2] Sven Bernhard Gareis, *Deutschlands Außen- und Sicherheitspolitik*, pp. 49-65, Verlag Barbara Budrich, Opladen & Farmington Hills, 2006. Voir également Christian Hacke, *Die Außenpolitik der Bundesrepublik Deutschland*, Ullstein, Berlin, 2003.

RFA prenait part à la signature d'un traité international, ce qui était un grand pas dans la reconnaissance de sa souveraineté. De son côté, la France acquérait une garantie sécuritaire majeure et voyait s'éloigner le danger du retour d'une Allemagne hégémoniste.

Mais, ce traité ne résolvait pas les problèmes sécuritaires de l'Allemagne. La France, mais aussi la Grande-Bretagne, voyaient d'un mauvais œil le réarmement allemand, auquel les Etats-Unis étaient favorables. Les Français proposèrent alors de réarmer l'Allemagne dans le cadre de la CED. Le projet fut néanmoins rejeté par un vote de l'Assemblée nationale le 30 août 1954. Adenauer, qui avait fait du développement des Communautés Européennes un axe majeur de sa politique prit ce refus comme un revers sanctionnant son engagement européen. Deux heures après l'annonce du résultat, il déclara qu'il s'agissait d'un "*jour noir pour l'Europe*".

L'échec de la CED entraîna une nouvelle dynamique dans le rapprochement avec l'OTAN.

Le 23 octobre 1954, la signature du traité de Paris remplissait les objectifs qu'Adenauer s'était fixés :
- l'adhésion de la RFA à l'UEO et à l'OTAN fut acceptée
- le traité fixant la partition de l'Allemagne fut révisé et la reconnaissance du "*plein pouvoir d'un Etat souverain sur ses affaires intérieures et extérieures*" fut accordée à la République fédérale. Cette reconnaissance fut néanmoins limitée par un article stipulant que "*les puissances alliées occidentales se réservent les droits et les responsabilités antérieurement exercés ou détenus par elles en ce qui concerne Berlin et l'Allemagne dans son ensemble*". Cette clause limitait donc sérieusement les possibilités d'action de la RFA sur la scène internationale.

Ainsi, avec le traité de Paris, qui entra en vigueur le 5 mai 1955 après une courte phase de ratifications, l'intégration de la RFA au camp occidental fut complète. La république fédérale avait retrouvé une part de sa souveraineté et, du point de vue de ses partenaires, elle était suffisamment intégrée et contrôlée pour ne plus représenter un danger.

L'ancrage à l'Ouest va alors constituer un des axes majeurs de la politique étrangère allemande et se traduira par son engagement dans la construction européenne et dans l'OTAN[1].

A-1-c) L'engagement multilatéral

La stratégie d'Adenauer, principalement à l'égard de la France, consistait à inscrire l'action extérieure de la RFA dans un cadre multilatéral afin de la rendre justifiable, quitte à susciter les moqueries du social-démocrate Kurt Schumacher, qui l'accusait d'être le "*chancelier des Alliés*".

Le multilatéralisme est ainsi devenu un élément structurant de la politique étrangère et de sécurité de l'Allemagne.

Par multilatéralisme, on entend le phénomène selon lequel les acteurs internationaux :
- coordonnent leur action afin de donner à celle-ci une plus grande portée
- s'accordent sur des objectifs communs
- expriment leur préférence pour la réglementation et la juridicisation de leurs rapports.

Les acteurs adoptent cette attitude afin que la poursuite des intérêts particuliers d'un seul d'entre eux ne nuise à tous les autres[2].

Johannes Varwick[3] remarque que la revendication de multilatéralisme est surtout le fait des Etats les plus faibles, ayant besoin d'assurer leur sécurité en liant leurs voisins trop

---

[1] Sven Bernhard Gareis, *Deutschlands Außen- und Sicherheitspolitik*, op. cit.
[2] Bertrand Badie, *L'Impuissance de la Puissance*, Paris, Fayard, 2004.
[3] Johannes Varwick, *Diplomatie*, in Wichard Woyke (sous la dir.), *Handwörterbuch Internationale Politik*, Opladen, *Bundeszentrale für Politische Bildung*, 2004.

puissants dans des institutions multilatérales de concertation ou en se trouvant des alliés face à un ennemi plus puissant. Ainsi, le rapprochement franco-allemand, certainement une des plus belles réussites de l'après-guerre, n'a-t-il été possible que grâce à la Guerre Froide. Face à l'antagonisme Est-Ouest, la vieille rivalité entre la France et l'Allemagne était devenue secondaire.

Cette analyse est néanmoins trop réductrice pour être appliquée à l'ensemble de la politique extérieure de la RFA. Certes, l'adhésion de la république fédérale à l'OTAN et à l'UEO, institutions multilatérales, correspond bien à la recherche de structures capables d'assurer sa protection, étant donné qu'elle était incapable de le faire seule.

Mais l'engagement de la RFA au sein des Nations Unies ne peut être compris par une lecture seulement réaliste (au sens des théories des Relations internationales) de la politique étrangère allemande. En effet, une fois sa sécurité assurée et sa souveraineté retrouvée, quel intérêt aurait eu l'Allemagne à poursuivre une si étroite coopération avec l'ONU si seuls les impératifs sécuritaires avaient compté pour elle? Si, durant la période étudiée, l'Allemagne a été deux fois membre non-permanent du Conseil de Sécurité (1977/1978 et 1987/1988) et a participé à de nombreuses commissions, dont la commission des Droits de l'Homme, c'est bien qu'elle avait d'autres objectifs.

L'analyse de la politique étrangère de la RFA doit donc intégrer cet élément primordial qu'est le rejet absolu de toute forme d'action unilatérale. Sans entrer dans le détail de la construction de l'identité ouest-allemande[1], on peut soutenir que, le souvenir du nazisme étant encore vivace dans les esprits, les responsables politiques ouest-allemands ont décidé de privilégier les institutions multilatérales.

L'engagement au sein des Nations Unies, dont l'Allemagne est un des principaux contributeurs[2], doit être compris selon ce critère.

---

[1] La république de Bonn a voulu s'affirmer comme un Etat "post-national", dont Jürgen Habermas a été le théoricien.
[2] Troisième contributeur mondial au budget de l'ONU en 2006.

Le rejet de l'unilatéralisme aide également à comprendre l'engagement européen de la RFA. En effet, outre les avantages économiques que cela pouvait lui procurer, l'Allemagne cherchait dans l'Europe "la rédemption", selon la brillante formulation de Zbigniew Brzezinski[1].

A-2) La perception du monde extérieur

A-2-a) L'influence américaine

Il est capital de souligner le rôle des Etats-Unis dans la construction de la RFA et l'élément constitutif de l'identité allemande que constitue le lien transatlantique.

Ainsi, alors qu'à la fin de la Seconde Guerre mondiale l'Allemagne n'était qu'un territoire divisé en quatre zones d'occupation craignant pour son avenir, les positions défendues par les Etats-Unis à travers leur secrétaire d'Etat, James Byrnes, sont restées dans les esprits. Son discours prononcé le 6 septembre 1946 à Stuttgart a fait date. Il y annonçait notamment, rompant avec la politique des Alliés à l'égard de l'Allemagne, une réhabilitation du peuple allemand : *"le gouvernement américain est d'avis qu'il convient désormais d'accorder au peuple allemand, dans toute l'Allemagne, moyennant des garanties adéquates, une responsabilité majeure dans la gestion de ses propres affaires...Le gouvernement américain veut rendre le gouvernement de l'Allemagne au peuple allemand. Le peuple américain veut aider le peuple allemand à retrouver une place honorable parmi les nations libres et pacifiques du monde"*[2].

Même si cette réorientation de la politique américaine doit être comprise dans le contexte d'un durcissement des relations avec Moscou, il n'en reste pas moins qu'il s'est agi là, pour les Allemands, de la première manifestation de solidarité.

---

[1] Zbigniew Brzezinski, *Le Grand Echiquier, l'Amérique et le Reste du Monde*, Paris, Bayard Editions, 1997.
[2] Rolf Steininger (sous la dir.), *Deutsche Geschichte seit 1945. Darstellung und Dokumente*, tome 1, Frankfurt am Main, Fischer, 1987, p. 265 et 266.

Les Américains ont ensuite lancé une série d'initiatives qui ont conditionné le rétablissement politique et économique de l'Allemagne :
- le plan Marshall en 1947
- la réforme monétaire de 1948
- le pont aérien en réponse au blocus de Berlin en 1948
- les travaux préparatoires à l'élaboration de la Constitution de 1949.

S'agissant de ce dernier point, il convient de remarquer que le modèle historique le plus souvent cité en référence par les juristes (encore aujourd'hui), n'est pas la Déclaration des droits de l'homme et du citoyen du 26 août 1789 mais la déclaration d'Indépendance américaine du 4 juillet 1776.

Les Etats-Unis ont également exercé une grande influence culturelle, notamment par la diffusion de leur modèle de société. La présence de nombreuses troupes américaines en Allemagne a très certainement favorisé l'implantation d'un modèle culturel américain. Par exemple, la télévision allemande retransmettait largement de nombreuses séries importées des Etats-Unis.

Comme le note Anne-Marie le Gloannec, "*l'identification aux Etats-Unis fournit en effet une double échappatoire : elle permit de s'approprier une identité de rechange (eine Ersatzidentität) [...] et elle élargit l'horizon mental en se dérobant à l'étouffante étroitesse de l'Allemagne adenauerienne*"[1].

Tous ces éléments poussent Jacques-Pierre Gougeon, ancien conseiller culturel en Allemagne, à affirmer : "*toutes ces références* [aux Etats-Unis] *sont un élément structurant essentiel du débat politique allemand, au moins aussi important que la réconciliation franco-allemande. Elles font partie du socle identitaire de l'Allemagne d'après 1945, de sa culture politique, ce que ne manquent pas de rappeler les dirigeants*

---

[1] Anne-Marie le Gloannec, *Berlin et le Monde, les Timides Audaces d'une Nation Réunifiée*, Paris, Autrement, 2007, p. 31.

politiques de l'opposition ou de la majorité, Chancelier en tête"[1].

Même si la guerre en Irak constitue une fracture (voir *infra*), le sentiment de reconnaissance à l'égard des Etats-Unis est encore vivace à l'intérieur de la population, notamment chez les responsables, comme nous avons pu le constater par nous-même. Par exemple, nous montrant l'ensemble des locaux de la *StauffenbergStrasse* à Berlin, qui abritent l'Etat-major des Armées allemand et une partie du ministère allemand de la Défense[2] (*Bundesministerium der Verteidigung, BMVg*), un officier nous fit remarquer :"*Voyez-vous, tout ceci, ce sont les Américains qui nous ont aidé à le rebâtir*". Un député nous a également confié que "*personne autant que les Etats-Unis n'a aidé l'Allemagne à se reconstruire*"[3].

Ce n'est pas par hasard que Gerhard Schröder, le 13 février 2003, parle de "*la reconnaissance que nous éprouvons à l'égard des Etats-Unis en ce qui concerne la libération de la dictature nazie et la chance qui nous a été offerte par la reconstruction d'un Etat démocratique*"[4] et que Peter Struck, ancien ministre de la Défense (SPD) affirme que "*le discours de Georges Marshall a été le grand signal de la solidarité américaine à l'encontre de l'Europe, mais surtout à l'égard de l'Allemagne battue...Ce n'est pas une formule creuse lorsque nous Allemands disons que nous ne l'oublierons jamais*"[5].

Il est ainsi capital de comprendre l'influence des Etats-Unis sur la création de RFA et le sentiment de reconnaissance qu'éprouvent, encore aujourd'hui, de nombreux Allemands à l'égard du protecteur américain.

---

[1] Jacques-Pierre Gougeon, *Allemagne : une Puissance en Mutation*, op. cit. pp. 22-23.
[2] Les bureaux sont partagés entre Bonn et Berlin.
[3] Entretien avec un député allemand, Berlin.
[4] Déclaration devant le *Bundestag*, cité par Jacques-Pierre Gougeon, *Allemagne : une Puissance en Mutation*, op. cit.
[5] Discours de Peter Struck le 11 juin 2003. Disponible à http://www.bmvg.de.

A-2-b) "*Quand l'Allemagne ne pensait plus le monde*" (Anne-Marie le Gloannec) : le consensus comme outil diplomatique

Du fait de la sécurité importée des Etats-Unis et du statut particulier de l'Allemagne dans le dispositif militaire de l'OTAN, "*on perdit à Bonn toute raison de penser le monde*"[1]. Les clauses du traité de Paris entravèrent l'action extérieure de la RFA, chaque initiative prise par Bonn suscitant l'étonnement ou l'irritation. Il en fut ainsi de la part des Etats-Unis lorsque Willy Brandt, évoquant le lien transatlantique, annonça le 28 octobre 1969 : "*une politique allemande plus indépendante au sein d'un partenariat plus actif*"[2].

De même, dans son livre de souvenirs politiques, Helmut Schmidt explique qu'il a toujours cherché "*à accorder la première place à la France [...] car la distinction de la France comme puissance nucléaire, ayant des droits et des responsabilités relatifs à Berlin et à l'Allemagne dans son ensemble et comme membre permanent du Conseil de sécurité de l'ONU, ne pouvait pas être ignorée*"[3].

Les principaux objectifs de la RFA (sécurité et réhabilitation) ayant été atteints assez rapidement, la prospérité économique fut assurée par l'intégration européenne et le rapprochement des Etats-Unis. De plus, du fait de la position géostratégique particulière de l'Allemagne, les développements de la Guerre Froide y trouvaient une résonance particulière. Ainsi, même si les fondations proches des partis politiques réfléchissaient aux développements des futures relations internationales et si l'*Auswärtiges Amt* (le ministère allemand des Affaires étrangères) tentait de définir une politique

---

[1] Anne-Marie le Gloannec, *Berlin et le Monde, les Timides Audaces d'une Nation Réunifiée, op. cit.* p. 7.
[2] *Verhandlungen des Deutschen Bundestages*, tome 71, 6ᵉ législature, séance du 28 octobre 1969.
[3] Helmut Schmidt, *Die Deutschen und ihre Nachbarn*, Berlin, Siedler, 1990, p. 173. Cité par Jacques-Pierre Gougeon, *Allemagne : une Puissance en Mutation, op. cit.*

africaine, asiatique ou sud-américaine, la dimension Est-Ouest n'en restait pas moins prédominante.

Le grand personnage de la politique étrangère allemande durant ces années fut Hans-Dietrich Genscher, ministre des Affaires étrangères de 1974 à 1992. C'est lui qui définit la position à la fois atlantiste et européenne de l'Allemagne, qu'il exprima dans la célèbre formule "*sowohl als auch*", que l'on pourrait traduire par "non seulement... mais encore" et qui désigne une certaine capacité à concilier les extrêmes. Par exemple, un point d'honneur fut mis à ne pas choisir entre les Etats-Unis et la France.

"*En somme, l'Allemagne de cette seconde moitié de siècle fut tout à la fois déchirée et consensuelle, pièce maîtresse de l'OTAN dont, après l'avoir combattue, le Parti social-démocrate reconnut l'indispensable protection en 1960, mais aussi pacifiste par essence, craignant d'être entraînée dans toute aventure militaire, s'appuyant à la fois sur la Bundeswehr, l'une des meilleures armées d'Europe continentale, et sur sa diplomatie de détente et de négociation*"[1].

C'est bien ici qu'apparaît cet élément caractéristique de la diplomatie allemande qu'est la recherche du consensus. Un des caractères principaux des diplomates allemands actuels (voir *infra*) trouve donc son origine dans la tradition diplomatique de la RFA durant la Guerre Froide.

---

[1] Anne-Marie le Gloannec, *Berlin et le Monde, les Timides Audaces d'une Nation Réunifiée, op. cit.*, p. 9.

A-3) L'enjeu principal : la réunification

A-3-a) Un objectif majeur de la RFA

Dès la création de la RFA et son accession à la souveraineté, la réunification allemande a été l'un des objectifs principaux des responsables politiques, au point que ceux-ci ne considéraient pas la question comme relevant des relations extérieures, mais comme des relations intra-allemandes (un ministère des Relations intra-allemandes fut même créé).

Dans l'esprit des responsables, le succès économique de la RFA et son ancrage à l'Ouest à travers son engagement au sein de l'Union Européenne et de l'OTAN constituaient les meilleures garanties d'une réunification future. L'Allemagne de l'Ouest, adossée aux Etats-Unis et aux autres Etats européens ne manquerait pas d'attirer la RDA.

Pendant près de vingt ans, la politique de Bonn concernant la RDA releva de la "doctrine Hallstein", du nom du diplomate qui la conçut. Il s'agissait de ne pas entretenir des relations diplomatiques avec tout Etat qui reconnaissait ou voulait reconnaître l'autre Allemagne (notamment les Etats membres du pacte de Varsovie ou l'Egypte nassérienne).

Néanmoins, une césure importante intervint à la fin des années 1960. Le nouveau chancelier, Willy Brandt, entama la fameuse *Ostpolitik*, qui en vint quasiment à établir des relations diplomatiques avec la RDA.

Ce changement d'orientation fut perçu par les Alliés, et notamment la France, comme un risque d'entraînement dans un conflit militaire à l'Est si cette politique échouait et entraîna des tensions entre la France et l'Allemagne.

Cependant, l'échec politique et économique de la RDA conduisit à son lent effondrement qui, plus que toute autre chose, ouvrit la voie au processus de réunification. La chute du mur de Berlin, le 9 novembre 1989, marqua le début de l'intégration de la RDA à la RFA.

Le 12 septembre 1990 eut lieu à Moscou la troisième et dernière réunion "4+2" (réunissant les quatre puissances victorieuses de la seconde guerre mondiale et les deux

Allemagnes), qui mit fin à la partition de l'Allemagne et aux droits et responsabilités exercés par les Alliés. L'article 7 du traité stipule que "*l'Allemagne unie jouira, en conséquence, de la pleine souveraineté sur ses affaires intérieures et extérieures*". L'Allemagne s'engage à n'exprimer aucune revendication territoriale, renonce à la possession d'armes NBC (nucléaires, bactériologiques, chimiques) et accepte une limitation de l'armée fédérale à 370 000 hommes.

Le 1er octobre 1990, les quatre Alliés suspendirent leurs droits et, le 3 octobre, les cinq *Länder* de la RDA adhérèrent à la RFA, signant *de facto* la fin de la partition allemande.

Cette étape majeure dans l'histoire européenne suscita des réactions variées dans le camp occidental, notamment parmi les deux principaux alliés de l'Allemagne : la France et les Etats-Unis. La perception qu'ont eue les Allemands des comportements diplomatiques de ces deux pays lors du processus de réunification demeure un élément important pour expliquer les réactions allemandes actuelles à l'égard des Français et des Américains.

A-3-b) Le processus d'unification : le rôle de la France et des Etats-Unis

L'opinion communément admise, notamment en Allemagne, est que les Etats-Unis auraient été les principaux alliés des Allemands au moment de l'unification, à laquelle la France aurait été hostile. Il convient, plus de quinze ans après les événements, de revenir sur le rôle exact de ces deux acteurs.

A-3-b-1) La position française

Incontestablement, la France accueillit avec difficulté la perspective de la réunification allemande[1]. Cette méfiance s'exprima largement dans la presse. Ainsi, Pierre Lellouche,

---

[1] Brand Crémieux : "Une Grande Allemagne au Cœur de l'Europe. Représentations Françaises de l'Allemagne Unifiée". *Relations Internationales* n°126, été 2006.

dans *Le Point* du 25 septembre 1989, écrivit que "*l'union RFA-RDA ferait voler en éclat le socle européen de sécurité*". Le 1er mars 1990, Josette Alia décrivit dans le *Nouvel Observateur* les peurs françaises : "*Naturellement, tout le monde a peur. Personne au début n'a osé le dire, sauf les Polonais...Ils se sont fait éconduire, ce qui donne un aperçu de la nouvelle arrogance allemande, bien vite revenue*" ; "*Quand l'Allemagne s'éveillera...voudra-t-elle nous faire payer à tous quarante ans d'humiliations, de refoulements, de frustrations politiques ?*". De même, le député communiste Jean-Pierre Brard publia dans *Le Monde* du 7 mars 1990 une tribune intitulée "*La menace du IV° Reich*". L'ancien Premier ministre Michel Debré alla jusqu'à écrire, dans *Le Figaro* du 8 mars 1990 : "*La lâcheté éclate lorsque nous laissons l'Allemagne et les Allemands non seulement relever la tête -ils le peuvent- mais de nouveau considérer que leur volonté est leur droit et que les autres peuples, à commencer par les Français, n'ont qu'à s'incliner*".

Ainsi, malgré quelques opinions divergentes, bien isolées, le climat général en France n'était pas favorable à la réunification.

Le Quai d'Orsay lui-même ne sut pas réellement comment appréhender la situation. François Scheer, qui était secrétaire général du Quai d'Orsay à l'époque, avant de devenir ambassadeur à Bonn, a exposé le sentiment des diplomates français sur le moment : "*Nous avions derrière nous une tradition diplomatique vieille d'au moins trois siècles en France : nous avons toujours été plus à l'aise avec plusieurs Allemagne qu'avec une seule. [...] Même si nous avons accueilli sans enthousiasme la réunification, nous avons pu néanmoins l'assumer parce que nous avions l'Europe. Le Quai d'Orsay était convaincu que le processus allait durer et que nous pourrions le gérer sereinement. Mais sous la pression américaine, nous avons été contraints d'accélérer le processus*"[1].

Cette interprétation des événements reconnaît le malaise de la diplomatie française à l'égard de la réunification,

---

[1] Samy Cohen (sous la dir.), *Mitterrand et la Sortie de la Guerre Froide*, Paris, PUF, 1998, p. 57.

mais a tendance à l'exonérer de ses responsabilités, puisque le calendrier aurait été fixé par les Américains.

Or, selon Jacques Jessel, ministre plénipotentiaire honoraire et ancien Conseiller de l'ambassade en RDA, un autre phénomène aurait joué. Il pense que "*les diplomates français occupant les plus hautes places au Quai d'Orsay partagèrent pour la plupart l'erreur de jugement des dirigeants politiques. [...] Etait-ce de leur part erreur d'analyse, esprit routinier ou courtisanerie – puisqu'ils savaient que c'était de ce côté-là que penchaient le Président et son entourage ? Ou craignaient-ils une Allemagne réunifiée et devenant trop grande ? Tel autre, selon la confidence que me fit l'un de ses collaborateurs, voyait très bien ce que le Président aurait dû faire -ou ne pas faire- mais tenant à sa place, avait préféré se taire...Quoi qu'il en soit, les uns et les autres devaient être largement récompensés et poursuivre de brillantes carrières.*"[1].

L'entourage du Président de la République, et François Mitterrand lui-même, étaient convaincus que l'URSS ne tolérerait pas la disparition de la RDA. C'est pour s'en assurer que François Mitterrand alla rencontrer Mikhaïl Gorbatchev le 6 décembre 1989 à Kiev. Or, alors que ce dernier avait accepté le principe de la réunification allemande lors de son entrevue à Malte avec Georges Bush les 2 et 3 décembre, il n'en laissa rien paraître et laissa croire au Président français qu'il y était hostile.

Cette impression fut même confirmée par les diplomates français, puisque selon Roland Dumas, l'ambassadeur de France à Moscou aurait envoyé un télégramme diplomatique le 18 décembre 1989, stipulant : *"Gorbatchev devrait normalement donner un coup d'arrêt qui pourrait permettre aux autorités est-allemandes de redresser progressivement la RDA"*[2].

Ainsi, François Mitterrand effectua un voyage prévu de longue date en RDA, du 20 au 22 décembre 1989, où il déclara :

---

[1] Jacques Jessel : "La Réunification Allemande et les Relations Franco-Allemandes", in Pierre Verluise (sous la dir.), *Une Nouvelle Europe*, Paris, Karthala, 2006.
[2] Roland Dumas, *Le Fil et la Pelote*, Paris, Plon, 1996, p. 384.

"République Démocratique d'Allemagne et France, nous avons encore beaucoup à faire ensemble".

Ce faux-pas diplomatique fut très mal accepté par les dirigeants ouest-allemands, qui estimèrent que la France cherchait systématiquement à empêcher la réunification allemande.

Alors, la France chercha-t-elle réellement coûte que coûte à freiner le processus ?

D'après des recherches récentes, il semblerait que l'on puisse dégager deux phases dans l'attitude française[1].

La première phase, où les doutes français sont clairement perceptibles, s'étend jusqu'au mois de janvier 1990. A partir de ce moment, le projet européen prend le dessus et la France retrouve un rôle plus dynamique.

Au début, l'ambiguïté du discours de François Mitterrand a pu agacer les représentants allemands. Lui-même semblait acquis à une réunification "de principe", mais pensait que celle-ci ne se ferait pas, puisque l'URSS l'empêcherait. Selon Jacques Attali, le Président aurait déclaré, le 2 novembre 1989 : "*Ceux qui parlent de réunification allemande ne comprennent rien. L'Union Soviétique ne l'acceptera jamais. Ce serait la mort du pacte de Varsovie : vous imaginez cela ? Et la RDA, c'est la Prusse. Elle ne voudra pas passer sous la coupe de la Bavière*"[2].

Pour le Quai d'Orsay, il fallait construire l'Europe politiquement et économiquement avant toute réunification allemande. Celle-ci devait donc être un processus long. Fut alors établi un calendrier : coopération poussée entre les deux Etats allemands, avec une RDA démocratisée ; confédération germano-allemande ; confédération européenne.

Totalement intenable au regard de la vitesse des événements, ce calendrier fut néanmoins systématiquement rappelé par la partie française, ce qui laissa croire aux

---

[1] Jacques-Pierre Gougeon, *Allemagne : une Puissance en Mutation*, op. cit. pp 154-163.
[2] Jacques Attali, *Verbatim III. Chronique des années 1988-1991*, tome 1 : *1988-1990*, Paris, Fayard, 1995, p. 313.

Allemands que la France cherchait à freiner l'unification par des moyens détournés.

A partir du début de l'année 1990, Helmut Kohl, comprenant les angoisses françaises, propose à François Mitterrand une relance commune de la construction européenne, ajoutant qu'il souhaiterait que cette évolution "*soit liée à la personne de François Mitterrand et à lui personnellement, le Chancelier fédéral*"[1].

Dès lors, la France et l'Allemagne vont conduire ensemble les négociations préliminaires au traité de Maastricht.

Il est incontestable que la France a utilisé le contexte particulier de la réunification pour faire en sorte que l'Allemagne valide ses options européennes. Comme l'écrit Horst Teltschik, conseiller diplomatique d'Helmut Kohl, "*le gouvernement fédéral se trouve maintenant dans une situation où il doit pratiquement approuver toute initiative française en matière de politique européenne*"[2]. Ainsi, on a souvent évoqué un marché passé entre la France et l'Allemagne, la France s'accommodant de la réunification et l'Allemagne acceptant l'union économique et monétaire et la monnaie unique (qu'elle bloquait depuis 1988). S'il ne semble pas exister, dans les documents d'archive accessibles aujourd'hui, de traces d'un tel marché[3], il n'en est pas moins évident que la France a su profiter du besoin que ressentait l'Allemagne de prouver sa bonne foi pour faire avancer ses idées.

Néanmoins, selon Jacques Jessel, le chancelier Kohl aurait été très surpris de constater, lors des négociations préparatoires au traité de Maastricht, que "*les deux seuls points auxquels F. Mitterrand avait paru s'intéresser concernaient d'une part le droit de vote aux étrangers, et d'autre part la*

---

[1] *Deutsche Einheit. Sonderedition aus den Akten des Bundeskanzleramtes 1989-1990*, Munich, Oldenburg Verlag, 1998, p. 684.
[2] Horst Teltschik, *329 Tage. Innenansichten der Einigung*, Berlin, Siedler, 1994, p. 61.
[3] Jacques-Pierre Gougeon, *Allemagne : une Puissance en Mutation, op. cit.* pp 154-163.

fixation d'une date butoir pour l'introduction de la monnaie unique"[1].

En définitive, il semble bien que la France n'a pas su accompagner le processus d'unification de l'Allemagne. Mais contrairement à une vision encore très communément répandue, elle n'a pas pour autant cherché à le bloquer systématiquement. Une mauvaise gestion du calendrier des événements a certainement donné cette impression. Ainsi, sans absoudre les responsables français de l'époque de leurs erreurs d'appréciation, il convient d'abandonner une vision trop manichéenne du rôle joué par la France et de ne pas minimiser les apports à la construction européenne qui ont résulté des tensions franco-allemandes.

A-3-b-2) L'attitude américaine

Comme beaucoup de chancelleries, le Département d'Etat américain (en particulier James Baker, qui était secrétaire d'Etat à l'époque) a accueilli avec beaucoup de fraîcheur l'annonce de la chute du mur de Berlin. Selon J. Baker, il était dangereux de chercher à soutenir un processus qui pourrait irriter Mikhaïl Gorbatchev.

Pourtant, peu après la chute du mur, une série de tribunes parut dans l'*International Herald Tribune*, signées par un "haut fonctionnaire américain". Ces tribunes exprimaient la conviction du responsable d'une prochaine réunification et enjoignaient les Etats-Unis à soutenir le processus. Il semble aujourd'hui acquis que ces tribunes ont été l'œuvre de Vernon Walters, qui était à l'époque ambassadeur en RFA[2].

Celui-ci, qui avait été l'adjoint du Président Bush lorsqu'il dirigeait la CIA, possédait encore ses entrées au

---

[1] Jacques Jessel : "La Réunification Allemande et les Relations Franco-Allemandes", *art.cit.*
[2] *Idem.*

bureau ovale et a certainement joué un grand rôle sur la décision du Président de soutenir le processus d'unification[1].

Ainsi, la décision des Etats-Unis d'apporter leur soutien à la réunification allemande fut rapidement prise.

Dès lors, ce soutien ne se démentit pas, le Président Bush nouant rapidement une véritable complicité avec le chancelier Kohl pour aboutir à des positions communes. Les Etats-Unis furent ainsi les seuls à être informés du plan en dix points présenté par M. Kohl le 28 novembre 1989, qui prévoyait, à la condition de la tenue d'élections libres et de la création de partis indépendants en RDA, une coopération politique et économique renforcée entre les deux Allemagnes à travers des structures confédérales et liait l'unification à la construction européenne[2].

Le lendemain, le secrétaire d'Etat James Baker présenta ses fameux "quatre principes" pour l'Allemagne : droit des Allemands à l'autodétermination, appartenance de l'Allemagne unie à l'OTAN, garantie de la stabilité en Europe et intangibilité des frontières.

Et lorsque Mikhaïl Gorbatchev, au début de l'année 1990, émit des réserves sur l'unification allemande, les Etats-Unis se trouvèrent toujours derrière l'Allemagne. Ainsi, la veille du voyage à Moscou d'Helmut Kohl, le 10 février 1990, Georges Bush écrivit une lettre au Chancelier lui souhaitant bonne chance[3]. C'est au cours de ce voyage que Mikhaïl

---

[1] Il semble que ceci lui ait valu certaines inimitiés, notamment de la part du secrétaire d'Etat James Baker, qui n'aurait pas apprécié de se voir mis à l'écart de la décision. Vernon Walters était un général et diplomate américain. Après une carrière militaire dans les services secrets, il a entamé en 1981 une carrière de diplomate, notamment en tant que représentant permanent des Etats-Unis à l'ONU de 1985 à 1989, puis ambassadeur en RFA de 1989 à 1991. Il est décédé en 2002.

[2] Ceci provoqua une réaction violente de François Mitterrand, vexé d'avoir été tenu à l'écart. Il aurait déclaré : "*Mais il ne m'a rien dit ! Rien dit ! Je ne l'oublierai jamais ! Gorbatchev sera furieux ; il ne laissera pas faire, c'est impossible ! Je n'ai pas besoin de m'y opposer, les Soviétiques le feront pour moi*". Cité par Jacques Attali, *Verbatim III. op. cit.* p. 350.

[3] *Deutsche Einheit. Sonderedition aus den Akten des Bundeskanzleramtes 1989-1990, op. cit.* p. 784.

Gorbatchev déclara qu'au "*sujet de l'unité, il n'y a pas de divergence entre l'Union soviétique, la RFA et la RDA*".

A partir de ce moment, les événements s'accélèrent, avec la fixation du cadre des accords "4+2", toujours avec le soutien américain. Le Président Bush fit même un rapport quotidien au Chancelier du voyage de Mikhaïl Gorbatchev aux Etats-Unis du 1er au 3 juin 1990, au cours duquel ce dernier accepta l'intégration de l'Allemagne réunifiée à l'OTAN.

Le soutien américain ne se démentit pas jusqu'à la signature des accords "4+2" en septembre 1990, pensant ainsi faire d'une Allemagne reconnaissante un allié définitif. Cette stratégie fut en partie inopérante (comme le montre le refus de l'Allemagne de participer à la guerre en Irak), mais influença fortement la perception qu'ont les Allemands des Etats-Unis.

A-3-c) La perception allemande des événements

A-3-c-1) La reconnaissance à l'égard des Etats-Unis

Logiquement, les Allemands ont apprécié l'attitude américaine lors du processus d'unification. Par exemple, Helmut Kohl a rendu un hommage appuyé à Georges Bush, qui a "*représenté les intérêts allemands comme aucun président américain auparavant*"[1].

Les universitaires allemands développent le même type d'analyse. Ainsi, dans un ouvrage de référence sur les aspects internationaux de l'unification, Werner Weidenfeld souligne combien "*le soutien massif de Washington et la solidarité avec le gouvernement fédéral*"[2] ont été précieux. De même, un autre spécialiste, Karl Kaiser, relève que la politique américaine a consisté à "*fournir à l'unification allemande un soutien illimité, engager en sa faveur toutes les ressources disponibles et*

---

[1] Helmut Kohl, *Ich wollte Deutschlands Einheit*, Berlin, Propyläen Verlag, 1996, p. 390.
[2] Werner Weidenfeld, *Außenpolitik für die deutsche Einheit*, Stuttgart, Deutsche Verlags-Anstalt, 1998, p. 234.

l'inscrire dans une vision plus large d'une Europe unie et libre"[1].

Cette analyse a été largement reprise par les médias allemands lors des célébrations du dixième anniversaire de la chute du mur de Berlin. Ainsi, le *Spiegel*, dans son édition du 13 décembre 1999, souligne que "*le président Bush était, au début, seul au côté de Kohl*". De même, la *Welt* du 8 septembre 2000 écrit que "*les Américains ont agi comme les partisans les plus convaincus d'une unification rapide*".

Il existe donc toujours un fort sentiment de reconnaissance à l'égard des Etats-Unis et du rôle qu'ils jouèrent dans cette période. L'attitude américaine a favorablement disposé les dirigeants allemands à l'égard des Etats-Unis, puisqu'ils trouvèrent un allié fiable, qui allait garantir au sein de l'OTAN la sécurité de l'Allemagne réunifiée.

A-3-c-2) L'amertume à l'égard de la France

Les attitudes françaises lors du processus d'unification ont suscité l'incompréhension et l'aigreur des Allemands.

Le meilleur résumé de la perception allemande de l'attitude française est donné par Werner Weidenfeld. Selon lui, les dirigeants français, "*confondant le droit à l'autodétermination des peuples et la souveraineté des Etats*" ont donné aux Allemands l'impression "*de tenter de jouer la carte franco-russe et de mettre en avant le statut de grande puissance*", qui aurait été menacé par l'unification, et ont laissé voir combien "*ils étaient réservés et parfois décontenancés face à la perspective d'une Allemagne unifiée au cœur de l'Europe et à l'idée de voir leur propre rôle s'affaiblir*"[2].

Dans son ouvrage, Werner Weidenfeld révèle que le 6 décembre 1989, François Mitterrand, déçu que M. Gorbatchev ne souscrive pas à sa proposition de se retrouver ensemble à

---

[1] Karl Kaiser, *Deutschlands Vereinigung. Die internationale Aspekte*, Bergisch Gladbach, Lübbe Verlag, 1991, p. 50.
[2] Werner Weidenfeld, *Außenpolitik für die deutsche Einheit, op. cit.* pp. 64, 158 et 172.

Berlin-Est, aurait chargé Jacques Attali de faire part de son étonnement au conseiller du dirigeant soviétique, Vadim Zagladine. Selon des sources russes citées par l'historien, Jacques Attali aurait rappelé "*la belle et bonne alliance Staline-de Gaulle de 1944*" et précisé que "*la France ne voulait en aucun cas de la réunification allemande, même si elle comprenait que celle-ci pouvait être en dernière analyse inévitable...*" et que "*la France et l'Union Soviétique étant des alliées traditionnelles qui avaient eu le plus à souffrir de l'agression de l'Allemagne, elles avaient un devoir particulier d'empêcher une répétition de l'histoire*".

Il est incontestable que l'image de la France a souffert de cette période.

Cela a été confirmé par le ton des médias lors des célébrations du dixième anniversaire de la chute du mur de Berlin. Le 13 décembre 1999, l'édition du *Spiegel* qui encensait le Président Bush décrit François Mitterrand comme "*un adversaire de l'unification, médisant sur l'insatiable Allemagne*". Une semaine plus tard, le 20 décembre, le *Frankfurter Allgemeine Zeitung* évoque le voyage de François Mitterrand en Allemagne de l'Est en décembre 1989 et sa déclaration selon laquelle "*l'unification n'est pas à l'ordre du jour*". Le 8 septembre 2000, la *Welt* souligne les difficultés de la France à voir une Allemagne réunifiée à ses portes et observe qu'en 1989-1990 "*le concept d'ennemi héréditaire jouait encore un certain rôle*".

En 2002, une étude de Tilo Schabert, intitulée *Comment l'Histoire du Monde se fait, la France et l'Unité Allemande*[1] a tenté d'étudier l'approche française de l'unification allemande et ce qui, selon l'auteur, guidait François Mitterrand : la volonté de relancer la construction européenne. Il écrit : "*dans l'œuvre de l'unification allemande devait se glisser l'œuvre européenne. Selon cette vision, la création de l'unité allemande devait engendrer un acte fort et puissant à travers justement la*

---

[1] Tilo Schabert, *Wie die Weltgeschichte gemacht wird. Frankreich und die deutsche Einheit*, Stuttgart, Klett-Cotta, 2002.

création de l'Europe : une Europe unie et, de ce fait, enfin sûre d'elle-même et puissante"[1].

Néanmoins, cet ouvrage n'a rencontré qu'un très faible écho[2].

Ainsi, du fait d'une méconnaissance de sa politique à partir du début de 1990, la France souffre toujours, et pas seulement dans les médias allemands, d'un certain déficit d'image ou, au moins, d'une présentation incomplète de son rôle durant la période.

Etant donné le choc que représente l'unification pour la population allemande, il ne faut pas sous-estimer le poids de ces représentations dans le rapport qu'entretiennent les Allemands avec les Français.

Ainsi, à travers l'étude de la politique étrangère de la RFA entre 1949 et 1990, peut-on relever certaines constantes qui ont contribué à forger les habitudes et les comportements des responsables politiques de l'Allemagne d'aujourd'hui :

§ un engagement à l'ouest (OTAN, Europe, réconciliation franco-allemande…)

§ un sentiment de reconnaissance à l'égard des Etats-Unis

§ une "culture de la retenue"[3], du fait du poids du passé, qui se traduit par la recherche du consensus, la glorification de la "puissance civile"(*Zivilmacht*) et un engagement multilatéral.

---

[1] *Idem*, p. 290.
[2] Nous remercions Cléo Palast, étudiante en histoire à l'université Humboldt de Berlin, de nous l'avoir signalé.
[3] Sven Bernhard Gareis, *Deutschlands Außen- und Sicherheitspolitik*, op. cit.

B) Fondements de la politique étrangère et de sécurité de l'Allemagne depuis la réunification

Depuis la réunification, l'Allemagne se cherche un nouveau rôle international.

Le changement d'attitude est facilement décelable. En effet, si l'Allemagne n'a pas participé militairement à la guerre du Golfe de 1991, elle dispose aujourd'hui de près de 8000 soldats en opérations extérieures (OPEX) dans les principales zones de crise (Afghanistan, Liban, Ex-Yougoslavie...).

Cette "militarisation" de l'action extérieure de l'Allemagne ne s'est pas faite sans débats sur le rôle que le pays devrait jouer sur la scène internationale.

Nous n'allons pas, dans cette partie, établir une chronologie des actions menées par la diplomatie allemande depuis la réunification, ni détailler l'ensemble des objectifs de politique étrangère de l'Allemagne (relation germano-russe, sécurité énergétique, politique suivie au Proche-Orient...)[1].

Nous allons plutôt tenter d'identifier les facteurs structurels qui modèlent la politique étrangère et de sécurité de l'Allemagne.

Ainsi, nous étudierons les acteurs de la politique étrangère allemande, avant d'analyser certaines des perceptions qu'ont les Allemands de la scène internationale et de leur place dans le monde. Enfin, nous nous arrêterons sur les caractéristiques les plus saillantes de la politique étrangère allemande.

---

[1] Pour ceci, voir Gregor Schöllgen, *Der Auftritt. Deutschlands Rückkehr auf die Weltbühne*, Berlin/München, Ullstein/Propyläen, 2003 et Christian Hacke, *Die Außenpolitik der Bundesrepublik Deutschland*, Frankfurt am Main/Berlin, Ullstein, 2003.

B-1) Les acteurs de la politique internationale de l'Allemagne

B-1-a) La prise de décision : les acteurs politiques

B-1-a-1) Le Chancelier et son gouvernement

Au sein du système fédéral allemand, le Chancelier est l'organe principal de la prise de décision. Selon l'article 65 de la loi fondamentale, la *Grundgesetz*, il organise le pouvoir exécutif et détermine les lignes directrices de la politique gouvernementale (*Richtlinienkompetenz*). Cette prédominance du Chancelier a conduit certains à qualifier la démocratie allemande de "démocratie du Chancelier" (*Kanzlerdemokratie*)[1]. Pour l'aider dans sa tâche, le Chancelier dispose de plusieurs soutiens. Tout d'abord, un diplomate professionnel de l'*Auswärtiges Amt*, lui sert de conseiller diplomatique. De plus, les groupes 21 et 22 de la division 2 des services de la Chancellerie (*Abteilung 2, Gruppen 21 und 22*) abritent des diplomates et des militaires chargés de préparer des papiers d'option à destination du Chancelier.

Ainsi, le Chancelier dispose de sa propre expertise en matière de politique étrangère et de sécurité et ne rechigne pas à prendre position sur le sujet. Par exemple, c'est Angela Merkel, dans la *Bild* du 23 mars 2007, qui exprime le besoin pour l'Europe de se doter d'une armée européenne.

Néanmoins, dans les gouvernements de coalition, ce qui est presque toujours le cas, le Chancelier n'a aucune influence sur les nominations dépendant du ministre dans les ministères confiés au partenaire politique. Il ne peut révoquer les personnes ainsi nommées qu'au risque de provoquer une crise gouvernementale.

Enfin, les ministres, y compris ceux du même parti que le Chancelier, ont une très grande marge d'autonomie. L'article 65 précise en effet que chaque ministre fédéral dirige son

---

[1] Wilhelm Hennis, *Politik als praktische Wissenschaft. Aufsätze zur Politischen Theorie und Regierungslehre*, München, Piper, 1968.

ministère de façon indépendante, dans le cadre des priorités fixées par le Chancelier. Ce dernier ne peut donc pas s'immiscer dans la vie quotidienne du ministère et passer outre un ministre en donnant directement un ordre à ses subordonnés.

Les deux ministères en charge de la politique de sécurité de l'Allemagne sont l'*Auswärtiges Amt* (*AA*), le ministère des Affaires étrangères, et le *Bundesministerium der Verteidigung* (*BMVg*), le ministère de la Défense. C'est l'*Auswärtiges Amt* qui dispose d'un rôle prédominant dans la définition de la politique de sécurité.

En pratique, la coopération entre le Chancelier et son ministre des Affaires étrangères est déterminante pour la conduite de la politique étrangère et de sécurité et une certaine concurrence peut s'établir entre eux. Ainsi, si Willy Brandt ne laissa jouer pratiquement aucun rôle à Walter Scheel dans la définition de son *Ostpolitik*, Hans-Dietrich Genscher disposa d'un poids bien plus important sous les gouvernements de Schmidt puis de Kohl.

Depuis le début de la coalition rouge-noire en 2005, les rapports entre Angela Merkel et son ministre des Affaires étrangères, Franz-Walter Steinmeier, semblent bons. La personnalité de M. Steinmeier (qui en fait une des personnalités du SPD les plus appréciées des Allemands) et sa compétence entrent probablement en compte[1].

Le troisième acteur central de la politique extérieure allemande est le ministre de la Défense, qui est responsable de l'armée allemande. A ce titre, il a le pouvoir de s'opposer à une intervention militaire, s'il la juge inappropriée. Néanmoins, il joue un rôle moindre dans l'élaboration de la politique de sécurité, notamment si on le compare à ses homologues américains ou français. Le ministre de la Défense doit donc être doté d'une forte personnalité pour jouer un rôle majeur aux côtés du Chancelier et du ministre des Affaires étrangères. A cet

---

[1] Même si l'on peut voir apparaître depuis quelques mois des tensions entre la Chancelière et son ministre, qui a été nommé candidat du SPD, les deux cherchant à se différencier en vue des élections à la Chancellerie de septembre 2009.

égard, le ministre de la Défense actuel, Franz-Jospeh , (qui est membre de la CDU), ne semble pas être un acteur incontournable.

Les réunions du *Kabinett* (conseil des ministres) servent à coordonner les actions en politique extérieure.

En plus de ces réunions, existe depuis 1955 le conseil fédéral de sécurité (*Bundessicherheitsrat*, BSR), qui réunit le Chancelier ainsi que les ministres des Affaires étrangères, de la Défense, de l'Intérieur, des Finances, de la Justice, de l'Economie et de l'Aide au développement. Le chef de la Chancellerie ainsi que le *Generalinspekteur der Bundeswehr* (équivalent du Chef d'Etat Major des Armées) sont également conviés.

L'importance du BSR dépend de la personnalité du Chancelier. Si M. Kohl ne lui avait fait jouer pratiquement aucun rôle, le gouvernement rouge/vert de Gerhard Schröder souhaita lui rendre, selon les termes du contrat de coalition, "*son rôle majeur d'organe de coordination de la politique de sécurité allemande*".

Ainsi, la définition de la politique étrangère et de sécurité allemande est-elle un jeu à trois acteurs : le Chancelier, le ministre des Affaires étrangères et le ministre de la Défense. La prédominance de l'un ou l'autre de ces acteurs tient à leur personnalité et à leurs compétences, mais il faut garder à l'esprit que le ministre de la Défense est traditionnellement effacé par rapport au Chancelier et au ministre des Affaires étrangères. La configuration politique actuelle pourrait constituer un cas d'école : la Chancelière et le ministre des Affaires étrangères Steinmeier jouent un rôle prépondérant, tandis que le ministre de la Défense, M. Jung, semble en retrait.

B-1-a-2) Le *Bundestag*

Contrairement à ce qui se passe en France, le Parlement allemand joue un rôle déterminant dans le contrôle de la politique étrangère allemande.

Le principal pouvoir du *Bundestag* tient certainement au fait que son accord est nécessaire pour pouvoir engager une opération extérieure. Cette prérogative a été confirmée par l'arrêt de la cour constitutionnelle fédérale (*Bundesverfassungsgericht*) du 12 juillet 1994, qui stipule que, la *Bundeswehr* étant "*une armée parlementaire*", l'accord du *Bundestag* est indispensable pour autoriser l'envoi de militaires allemands en mission de combat à l'étranger.

Dans les faits, le gouvernement étant issu des partis majoritaires au *Bundestag*, les députés accordent généralement leur confiance au Chancelier.

Il ne faut cependant pas croire que la majorité suive aveuglément les *desiderata* du gouvernement. Les députés allemands sont très jaloux de leur prérogative et accordent une immense attention à la sécurité des militaires. Ainsi, les débats sur l'opportunité d'une opération ou sur le renouvellement du mandat des OPEX en cours sont-ils généralement très animés. Ainsi, une division "mandats" existe au sein du *BMVg* afin de rédiger les mandats qui seront soumis au vote des députés et leur donner un maximum de garanties. Les députés allemands n'hésitent également pas à s'opposer à la consigne de vote donnée par leur chef de groupe. Par exemple, de nombreux députés SPD et CDU ont voté contre la récente mission EUFOR RD-Congo, où l'Allemagne assumait le rôle de nation-cadre. Ce sont également deux députés CDU qui ont déposé un recours devant la cour constitutionnelle fédérale afin d'examiner la légalité de l'envoi par l'Allemagne de quatre avions de reconnaissance *Tornado* en Afghanistan.

Dans les faits, le gouvernement doit en permanence chercher à donner aux députés un maximum de garanties concernant la sécurité des militaires allemands et n'est jamais à l'abri d'un vote négatif sanctionnant une mission qui serait jugée trop dangereuse par les députés.

Outre les votes en séance plénière, les députés allemands participent au contrôle de la politique étrangère de l'Allemagne par le biais des commissions parlementaires.

Très actives, ces commissions envoient régulièrement aux ministères des "questions parlementaires", afin de s'informer. Ces questions peuvent être très précises (qualité de l'équipement du fantassin allemand) ou au contraire très vagues (perspectives d'évolution de la situation internationale)[1].

Généralement, c'est à travers ces questions parlementaires que le *Bundestag* influe sur la décision d'une opération extérieure. Ainsi, si le gouvernement a l'initiative de la proposition, il est contraint de s'adapter aux garanties que le *Bundestag* exige afin de lui donner son accord.

Cependant, le rôle du *Bundestag* est limité au contrôle des OPEX. Les principales orientations de la politique étrangère allemande sont définies par l'exécutif et les députés ne les influencent que très peu[2].

B-1-b) La mise en œuvre : les diplomates

B-1-b-1) La carrière à l'*Auswärtiges Amt*

Sur près de 6550 fonctionnaires que compte l'*Auswärtiges Amt*, environ 1500 appartiennent au personnel d'encadrement supérieur (*Höhere Dienst*), qui correspondrait au personnel de catégorie A en France[3].

Chaque année, 35 à 40 nouveaux diplomates sont recrutés par le biais d'un concours ouvert à tous les candidats de niveau master âgés de moins de 32 ans. L'épreuve comporte un QCM testant les connaissances des candidats en droit public et européen, ainsi qu'en économie et histoire ; un test de logique et de psychologie ; un test portant sur deux langues vivantes, l'une d'entre elles étant forcément l'anglais et, pour finir, une dissertation portant sur un thème d'actualité internationale. Les

---

[1] Entretien avec un officier supérieur allemand.
[2] *Idem.*
[3] Voir Karlfried Bergner, "Auswahl und Ausbildung für den höheren Dienst", in Enrico Brandt, Christian Buck (sous la dir.), *Auswärtiges Amt, Diplomatie als Beruf*, Wiesbaden, VS Verlag für Sozialwissenschaften/GWV Fachverlag GmbH.

candidats déclarés admissibles doivent également passer un entretien de motivation.

L'âge moyen d'entrée au ministère est de 29 ans (ce qui s'explique par la plus longue durée des études en Allemagne qu'en France) et les trois quarts des admis proviennent des facultés de droits et d'économie.

Avant leur première affectation, l'ensemble des lauréats effectue une année de formation au sein de l'académie diplomatique, située dans la villa Borsig à Berlin. Les enseignements accordent une large place à des modules de formation pratique à la négociation, la gestion de crise, aux contacts avec les médias ou à l'encadrement. Le cursus comprend également deux brefs stages en administration centrale et à l'étranger.

En théorie, un diplomate allemand doit passer les deux tiers de sa carrière à l'étranger et un tiers en administration centrale.

L'avancement est très progressif. L'accès à des postes d'encadrement est impossible avant quinze ans d'ancienneté. En pratique, le cap décisif est celui de l'accès au grade d'adjoint au sous-directeur, qui peut déboucher sur des fonctions de chef de poste ou, à l'administration centrale, d'encadrement d'équipe. Ce niveau est généralement atteint, sur des critères d'ancienneté, à partir de 45 ans.

Le déroulement de la carrière est également très codifié. A chaque poste, à l'administration centrale comme à l'étranger, est affecté un grade spécifique. Ce principe de concordance entre grade et emploi est très strictement appliqué dans le système allemand. Ce système laisse une marge de choix plus restreinte aux diplomates et aux services de gestion du personnel pour les affectations, mais a l'avantage de limiter la hiérarchie implicite entre les postes prestigieux et ceux qui le seraient moins.

Cette hiérarchie existe cependant et le poste le plus envié est celui d'ambassadeur à Washington[1].

---

[1] Comme le reconnaît Wolfgang Ischinger, "Traumjob: Botschafter in Washington", in Enrico Brandt, Christian Buck (sous la dir.), *Auswärtiges Amt, Diplomatie als Beruf*, op. cit. pp. 153-160.

B-1-b-2) Un style diplomatique allemand ?

Dans son ouvrage *Comment les Allemands négocient ? Objectifs logiques, solutions pratiques*[1], W.R. Smyser croit déceler un comportement diplomatique spécifiquement allemand.

Selon lui, les négociateurs allemands ont un comportement proche des négociateurs anglo-saxons, dans le sens où ils attachent, en définitive, peu d'importance aux concepts mais recherchent avant tout des solutions. Il remarque également que, dans les négociations bilatérales, les diplomates allemands font peu de concessions et portent une grande attention au fait que tous les détails soient discutés. Même si l'esprit de ce qui sera l'accord final leur convient, ils seront très attentifs à l'aspect technique de la négociation.

Néanmoins, dans les négociations multilatérales, les diplomates allemands recherchent constamment le compromis et évitent le conflit.

Nos entretiens nous ont permis de confirmer cette analyse, puisque tous les responsables allemands interrogés nous ont déclaré se sentir investis du rôle de médiateur. Dans le cadre spécifique de la PESD, les Allemands se voient comme les facilitateurs des relations entre le Royaume-Uni et la France. Il ne s'agit pas seulement d'un vœu pieux, puisque les officiers français rencontrés confirment qu'en cas de conflit entre la France et le Royaume-Uni (ce qui arrive assez souvent), les Allemands chercheront à aplanir les différends.

En ce qui concerne le côté "âpre" des Allemands dans les négociations bilatérales, nous avançons l'hypothèse que la formation intellectuelle des diplomates allemands joue un grand rôle.

En effet, les Allemands, *"qui sont par tradition comme par goût un peuple de juristes"*[2], accordent une grande

---

[1] W.R. Smyser, *How Germans Negotiate, Logical Goals, Practical Solutions*, Washington DC, United States Institute of Peace Press, 2003.
[2] Charles Debbasch, Jacques Bourdon, Jean-Marie Pontier, Jean-Claude Ricci, *Droit Constitutionnel et Institutions Politiques*, 4ᵉ édition, Paris, Economica, 2001, p. 362.

importance au fait que tout soit fait dans les règles, et donc une grande importance aux détails. Ceci agace généralement les diplomates français, qui accordent plus d'importance aux concepts et à la recherche d'une solution dont la justesse a été démontrée par un raisonnement déductif (la fameuse dissertation)[1].

D'une manière générale, les diplomates allemands ont un comportement assez différent de celui des diplomates français. Ils sont par exemple beaucoup moins épris de la culture de "l'honnête homme", qui pousse les Français à donner leur avis sur n'importe quel sujet, y compris ceux dont ils ne sont pas spécialistes. Au contraire, un diplomate allemand écoutera sans difficulté un spécialiste d'un sujet que lui-même ne maîtrise pas. Mais, en retour, il se considère comme un expert des dossiers dont il a la charge et, à ce titre, défend ardemment son point de vue au cours d'une négociation.

Les diplomates français en échange dans les structures allemandes interrogés disent apprécier la grande liberté qui est la leur dans le traitement de leurs dossiers. Ils ont l'impression d'être écoutés par leurs supérieurs hiérarchiques et d'avoir une véritable influence, beaucoup plus que s'ils occupaient un poste équivalent au Quai d'Orsay. Néanmoins, ils estiment que la grande spécialisation des diplomates allemands sur un dossier les empêche d'avoir une vue globale sur les enjeux internationaux, et qu'une véritable pensée au niveau mondial n'apparaît qu'au niveau des directeurs politiques.

En fait, on assiste ici à une opposition franche entre deux cultures diplomatiques. Les diplomates français, représentants d'un pays qui a toujours eu une ambition universelle et formés à la culture de l'honnête homme (qui s'illustre en général par une scolarité à "sciences-po" ou aux "langues'o", puis éventuellement à l'ENA[2]), ont spontanément tendance à s'exprimer sur tous les sujets.

---

[1] Charles Cogan, *Diplomatie à la Française*, Paris, Editions Jacob-Duvernet, 2006.
[2] Evidemment, nous ne présentons que le cursus majoritaire chez les diplomates français. Il est entendu que certains d'entre eux ont suivi une scolarité à l'Ecole Normale Supérieure (ENS), ou aux Hautes Etudes

Au contraire, un diplomate allemand n'envisage pas du tout comme naturel que son pays s'engage partout dans le monde. Il se concentre donc sur les dossiers dont il a la charge, sa formation, juridique dans la plupart des cas, lui permettant d'en maîtriser toutes les subtilités.

Ces différences de comportements sont perceptibles dans les rapports entre diplomates français et allemands. Les diplomates français ont tendance à se montrer donneurs de leçons vis-à-vis des Allemands, ce qui a le don d'irriter ces derniers. Tous les diplomates allemands rencontrés se sont dits exaspérés de ce qu'ils perçoivent comme une arrogance insupportable de la part du Quai d'Orsay.

Comme nous le confiait un diplomate français : "*Nous passons notre temps à prendre les Allemands pour des imbéciles, mais ils ne le sont pas plus que nous. Notre problème, c'est que nous voudrions bien que les Allemands montrent un peu plus les muscles, mais chaque fois qu'ils le font, et donc qu'ils s'affirment un peu par rapport à nos positions, ils nous font peur et on préférerait qu'ils restent à leur place. En fait, on voudrait des Allemands puissant, mais uniquement pour nous soutenir. Seulement, le Quai n'a toujours pas compris que ça ne se passerait jamais comme ça et que, plus le temps passera, moins les Allemands seront les supplétifs de la France comme ils l'ont été pendant la Guerre Froide*"[1].

Cependant, on ne peut omettre le fait que, sur certains dossiers multilatéraux, les diplomates allemands sont ravis de trouver en la France un partenaire qui exprime (parfois violemment) ses opinions, puisque ceci leur permet de se ranger à l'avis français sans passer pour les fauteurs de troubles.

Commerciales (HEC). A l'université, certaines formations spécifiques préparent également aux concours du Quai d'Orsay.
[1] Entretien avec un diplomate français.

B-1-c) Les acteurs du débat intellectuel

B-1-c-1) Au sein des partis politiques

Evidemment, les grands partis politiques allemands disposent en leur sein de spécialistes des questions de défense. Néanmoins, depuis la fin de la Guerre Froide et la disparition de la menace existentielle pesant sur la RFA, on constate un certain appauvrissement dans la réflexion. L'intérêt exceptionnel pour les questions stratégiques, illustré notamment par l'élection au poste de Chancelier d'un véritable spécialiste, Helmut Schmidt[1], est retombé.

A la CDU, Volker Rühe s'est retiré, Karl Lammers est en retrait et Wolfgang Schäuble est ministre de l'intérieur. Les Verts ne semblent pas disposer de relève depuis le départ de Joschka Fischer et le FDP dispose d'un seul véritable spécialiste de ces questions : Otto Lambsdorff. Au SPD, la génération des Hans Koschnick, Egon Bahr ou Hans-Ulrich Klose (qui avait critiqué le Chancelier Schröder pour ses positions abruptes sur la guerre en Irak), s'est éteinte. Mais une nouvelle génération de députés spécialisés dans les questions de défense, emmenée par Hans-Peter Bartels, Steffen Reiche et Jörn Thiessen semble émerger. Ces trois députés émettent des idées originales mais n'ont pas (encore ?) une stature nationale. Cependant, il nous semble qu'à l'heure actuelle, le SPD soit le seul grand parti allemand à avoir entamé une véritable réflexion structurée et approfondie sur les questions sécuritaires.

Malheureusement, comme le note Anne-Marie Le Gloannec : *"peu de députés s'intéressent à la politique étrangère ou à la politique européenne"*[2].

---

[1] Auteur d'un important ouvrage : *Strategie des Gleichgewichts* (*La Stratégie de l'Equilibre des Forces*), Stuttgart, Seewald Verlag, 1969.
[2] Anne-Marie le Gloannec, *Berlin et le Monde, les Timides Audaces d'une Nation Réunifiée*, op. cit. p.17.

B-1-c-2) Les fondations

L'Allemagne est le pays des fondations, les fameuses *Stiftung*. On en distingue de deux types : les fondations proches des partis politiques et les fondations s'appuyant sur les entreprises[1].

Parmi les fondations proches des partis politiques, les plus célèbres sont la *Friedrich-Ebert-Stiftung* (FES), plutôt européaniste, proche du SPD et la *Konrad-Adenauer-Stiftung* (KAS), plus atlantiste, proche de la CDU. On peut également citer la *Friedrich-Naumann-Stiftung* (FNS), proche du FDP (parti libéral); la *Heinrich-Böll-Stiftung* (HBS), proche des Verts et la *Rosa-Luxemburg-Stiftung* (RLS), proche du PDS (parti néocommuniste).

Parmi les fondations issues des entreprises, la plus célèbre est la fondation Bertelsmann, créée en 1977. On peut également citer les fondations Robert-Bosch, Otto-Wolff, Thyssen...

Ces fondations nourrissent le débat d'idées en Allemagne sur des thèmes de politique étrangère, mais aussi sur bien d'autres sujets.

Leurs contributions sont ouvertes, à destination des décideurs politiques et des citoyens.

B-1-c-3) Les centres de recherche

Il existe en Allemagne deux grands centres de recherche en politique étrangère : la DGAP (*Deutsche Gesellschaft für Auswärtige Politik*, Société allemande de politique étrangère) et la SWP (*Stiftung Wissenschaft und Politik*, Fondation science et politique).

La DGAP a été créée en 1952, à l'origine pour réfléchir sur la construction européenne, à l'époque où la RFA s'y engageait. La SWP a été créée en 1962 est s'est plutôt consacrée aux problèmes stratégiques.

---

[1] Voir Dorota Dakowska : "Les Fondations Politiques Allemandes en Europe Centrale", *Critique Internationale*, n°24, Juillet 2004.

La DGAP est indépendante, alors que la SWP a pour mission explicite de conseiller le gouvernement fédéral. Mais, en pratique, les deux centres produisent des idées et ont recours aux discussions et sessions, confidentielles ou non. En termes d'effectifs, la SWP est bien plus importante que la DGAP.

Les thèmes de recherche sont très divers, même si on note une domination des questions relatives à l'Union Européenne, au Moyen-Orient et à la Chine. Cependant, il semble que les questions stratégiques aient complètement disparu du programme de recherche des deux centres.

On peut aussi citer la *Gesellschaft für Wehr- und Sicherheitspolitik* (GFW), qui publie la revue *Europäische Sicherheit* (sécurité européenne).

B-1-c-4) L'influence des centres de recherche et des fondations

Les centres de recherche et les fondations ont une grande influence sur le débat public. La presse allemande accorde une large place aux éditoriaux signés par les responsables des différents organismes, qui participent donc au débat. D'une manière générale, les médias allemands couvrant bien plus l'actualité internationale que les médias français, les responsables des centres sont régulièrement amenés à s'exprimer.

Il nous semble que les centres de recherche et les fondations aient également une influence dans le débat politique. Lors des séminaires ou des sessions, on croise souvent des députés venus chercher un complément d'information ou des idées nouvelles sur tel ou tel sujet de politique internationale. La réflexion conduite par les centres sert donc aux parlementaires, notamment lors des débats au *Bundestag*.

En revanche, l'influence de ces organismes sur l'administration est quasi-nulle. Les officiers et diplomates assistent parfois aux sessions mais, comme nous le confiait un officier: "*Les fondations réfléchissent souvent sur des thèmes qui sont complètement dépassés. On vient donc glaner quelques idées, essayer de prendre un peu de hauteur de vue puisqu'on passe la journée les mains dans le cambouis de l'actualité immédiate, mais, globalement, les séminaires ne nourrissent en rien notre réflexion"*[1].

Ainsi, les différents centres de politique étrangère participent au débat public, alimentent la réflexion des députés, mais ont peu d'influence sur la réflexion des diplomates et des militaires, qui conduisent leurs propres analyses.

B-2) Des facteurs structurels qui influent sur la politique étrangère

B-2-a) Une nouvelle relation avec les Etats-Unis

Comme nous l'avons souligné, le sentiment de reconnaissance des Allemands vis-à-vis des Américains, qui ont rebâti leur pays et ont permis son unification, a été très fort. Il est néanmoins en train de changer, ce qui constitue probablement une des ruptures les plus considérables dans l'opinion publique allemande depuis une quarantaine d'années.

Si le refus affiché par le Chancelier Schröder à la guerre en Irak de 2003 a constitué le révélateur de la crise, les prémices en étaient déjà visibles dès 2001 : refus du protocole de Kyoto par l'administration Bush, raids aériens américano-britanniques sur l'Irak sans que le Chancelier en ait été informé (16 février 2001), relance du projet de bouclier anti-missile par les Etats-Unis (1er mai 2001)...

Ces tensions ne vont pas empêcher l'Allemagne d'apporter son soutien aux Etats-Unis après les attentats terroristes du 11 septembre 2001, soutien qui ira jusqu'à participer à l'opération militaire en Afghanistan (vote du *Bundestag* du 22 décembre 2001).

---

[1] Entretien avec un officier supérieur allemand.

Mais l'Allemagne est prête à accorder son soutien aux Etats-Unis à condition que ceux-ci lui reconnaissent son statut de puissance souveraine et autonome. C'est l'insuffisance de cette reconnaissance (les Etats-Unis ayant toujours tendance à considérer l'Allemagne comme leur obligée) qui va provoquer la crise.

Les attitudes de l'administration Bush vont faciliter la chose : l'Allemagne est choquée par le concept de "guerre préventive" exposé par le président Bush lors de deux célèbres discours : l'un à la nation le 29 janvier 2002 et l'autre à l'académie militaire de West Point le 1er juin 2002. De plus, l'aspect missionnaire de la lutte contre "l'axe du mal" inquiète l'Allemagne. Enfin, et surtout, la tendance américaine qui consiste à voir dans les Européens des alliés nécessairement alignés indispose fortement Berlin,

Ainsi, dès le 12 février 2002, dans les colonnes de la *Welt*, Joschka Fischer, ministre des Affaires étrangères, met en garde les Etats-Unis contre une instrumentalisation de la lutte contre le terrorisme.

A partir de cette date, le gouvernement allemand, appuyé par une population pacifiste, n'a cessé d'annoncer qu'il s'opposerait à un éventuel conflit en Irak. Jacques-Pierre Gougeon souligne que *"le désaccord doit se lire sur deux niveaux. D'une part l'Allemagne n'entend plus être traitée comme un partenaire mineur, à peine informé des décisions auxquelles elle est censée souscrire. D'autre part, elle ne partage pas l'idée de la primauté de l'action militaire sur tout autre mode d'intervention"*[1].

L'Allemagne va donc soutenir la proposition française du 5 février 2003 visant à renforcer les inspections de désarmement en Irak et va opposer son veto à la demande américaine de fournir une aide de l'OTAN à la Turquie en cas d'attaque irakienne.

Le Chancelier Schröder a été critiqué pour avoir rompu un des principes fondamentaux de la politique étrangère allemande, ne pas choisir entre les Etats-Unis et la France. En

---

[1] Jacques-Pierre Gougeon, *Allemagne : une Puissance en Mutation*, *op. cit.* p. 34.

effet, jamais l'Allemagne ne s'était opposée à ce point aux Américains depuis 1945.

Cette attitude rencontre le soutien de l'opinion : selon une enquête du *Spiegel* du 17 février 2003, 62% des Allemands estiment ne plus avoir de "dette" à l'égard des Etats-Unis. Une autre étude parue à l'occasion d'un numéro spécial du même hebdomadaire intitulé "les Allemands soixante ans après la fin de la guerre" (avril 2005) révèle que 57% des Allemands n'estiment pas souhaitable que les Etats-Unis jouent un rôle moteur en politique internationale.

Néanmoins, il ne faut pas assimiler ce rejet de la politique étrangère des Etats-Unis à l'anti-américanisme que l'on trouve en France[1]. Il s'agit plus d'un "anti-bushisme" que d'un anti-américanisme de principe.

Mais l'attitude allemande lors de la guerre en Irak a été révélatrice d'un certain besoin de reconnaissance internationale. Ainsi, nous faisons l'hypothèse que, même si l'administration américaine qui sera élue en 2008 accorde à l'Allemagne le statut qu'elle espère, l'Allemagne ne rentrera plus jamais "dans le rang" et exprimera, parfois crûment, ses désaccords. Comme nous le confiait un député allemand : "*le monde occidental est comme une famille. Les pays européens sont les frères et sœurs qui se chamaillent, tandis que l'Amérique est le grand cousin protecteur, qu'on écoute, mais qu'on ne laisse pas se mêler des affaires de la fratrie*"[2].

B-2-b) Le rapport au passé et le débat sur la puissance

De toute évidence, la période nazie continue de peser à la fois dans la constitution de l'identité allemande mais aussi, et c'est ce qui nous intéresse, dans le rôle que l'Allemagne estime pouvoir s'attribuer sur la scène internationale. Il suffit d'observer le scandale qu'a provoqué Heidemarie Wieczoreck-Zeuil, ministre de la Coopération et du Développement, lorsqu'elle a qualifié de "*contraire au droit international*"

---

[1] Sur l'anti-américanisme français, voir Philippe Roger, *L'Ennemi Américain, Généalogie de l'Anti-américanisme Français*, Paris, Seuil, 2002.
[2] Entretien avec un député allemand.

l'utilisation par Israël des armes à sous-munitions au cours de la guerre menée par l'Etat hébreux contre le Hezbollah libanais en 2006 : l'ensemble de la classe politique, influencée par les déclarations scandalisées des organisations juives allemandes, a condamné son intervention, considérant que l'Allemagne n'avait pas le droit de critiquer Israël.

Il s'agit donc d'étudier le rapport qu'entretiennent les Allemands avec leur passé et son influence sur la manière dont ils envisagent leur action sur la scène internationale.

Si le Chancelier Kohl estimait comme étant de sa responsabilité de ne pas oublier l'histoire, le Chancelier Schröder a voulu, au début de son mandat, faire sans elle. Par exemple, il ne participa pas aux commémorations du 80e anniversaire de la fin du premier conflit mondial, ou ne déposant aucune gerbe sur la tombe du soldat inconnu à Varsovie.

Cette revendication de "normalité" faisait écho aux réflexions du philosophe Peter Sloterdijk, qui s'en prenait à Habermas et Günther Grass, les accusant d'avoir institué le politiquement correct et euthanasié la pensée. Etant membre d'une génération née après la guerre, Gerhard Schröder et son gouvernement ont cru pouvoir "aller de l'avant". Mais ils furent rattrapés par le débat sur la construction d'un mémorial de la Shoah à Berlin (au cours duquel le Chancelier prononça un mot malheureux, souhaitant un mémorial "*où l'on voudrait aller*"), qui relança les réflexions sur la culpabilité allemande. L'évolution du discours du Chancelier est très nette, puisque, lors des célébrations commémorant le 60e anniversaire du débarquement en Normandie, il prononça un émouvant discours évoquant la "*responsabilité éternelle du peuple allemand*".

Néanmoins, on constate qu'une majorité de la population en a assez de la repentance perpétuelle (selon un sondage de l'université de Bielefeld paru en 2003, 70% des Allemands disaient en avoir assez d'être tenus pour responsables de l'Holocauste[1]). On relève ainsi un large divorce entre l'opinion publique et les élites politiques. Ces dernières considèrent l'Holocauste comme une matrice devant conditionner les comportements politiques et les prises de position publique, tandis que la majorité de la population s'agace de ce qu'elle considère comme une industrie de l'Holocauste.

Il n'en reste pas moins que le rapport au passé continue de structurer, en partie, l'action extérieure de l'Allemagne. Les responsables politiques, militaires et diplomatiques ressentent le besoin de donner des gages de bon comportement. L'Allemagne se sent donc une forme de responsabilité morale à soutenir le droit international, les droits de l'homme et les organisations internationales.

Ce sentiment a été prégnant lors du débat sur le statut de l'Allemagne qui a eu lieu après la réunification. En effet, l'Allemagne réunifiée s'est interrogé sur sa place dans le monde et sur le rôle que sa puissance nouvelle pouvait lui conférer. Le point central du débat a porté sur la défense des intérêts nationaux, que les gouvernements précédents auraient négligé du fait du poids du passé. Après la réunification, la plupart des analystes estimaient que, désormais, l'Allemagne saurait dire "non" à ses partenaires et pourrait affirmer haut et fort ses intérêts sur la scène internationale. Bien que l'Allemagne se soit opposée à la guerre en Irak, comme nous l'avons vu, il nous semble que les militaires et diplomates allemands restent très prudents et mesurés dans leurs actions et leurs propos. Paradoxalement, il nous a semblé que la Chancelière et le ministre des Affaires étrangères (Franz-Walter Steinmeier) osaient prendre des positions que leurs administrations mettaient en œuvre avec plus ou moins de bonne volonté.

Ainsi, malgré l'action énergique de la Chancelière sur la scène internationale, il nous semble que l'administration allemande soit bien plus conservatrice et plus prudente que ses dirigeants. Les militaires et diplomates rencontrés étaient bien

---

[1] Sondage de l'université de Bielefeld, disponible à www.wno.org/newpaper/pol64.html. Cité par Anne-Marie le Gloannec, *Berlin et le Monde, les Timides Audaces d'une Nation Réunifiée*, op. cit. p. 64.

plus sensibles au poids du passé que les prises de position officielles des responsables politiques. Il est d'ailleurs intéressant de constater qu'ils étaient conscients d'être en décalage d'avec l'opinion, et même d'avec les leaders politiques. Selon nous, dans un pays qui a une forte méfiance à l'égard de l'Etat, les responsables exerçant les fonctions purement régaliennes que sont la diplomatie et l'armée se sentent investis d'une sorte d'éthique qui consiste, plus que dans tout autre corps, à se remémorer le passé pour ne pas le reproduire.

B-2-c) Allemand ou européen ? Le rapport à la patrie

En 2005, une étude conduite par le Centre d'Etudes en Sciences Sociales de la Défense (C2SD) en France, le *Sozialwissenschaftliches Institut der Bundeswehr* (SOWI) en Allemagne et le *Centro militare di studdi strategici* (CeMISS) en Italie s'est penchée sur les rapports qu'entretenaient les populations françaises, allemandes et italiennes avec la construction de la PESD[1].

Dans le cas allemand, les auteurs, Sven Bernhard Gareis et Paul Klein, se sont penchés sur l'attitude vis-à-vis de l'appartenance politique et territoriale des Allemands[2].

Il ressort de l'étude une conclusion très intéressante : 29, 4% des Allemands interrogés déclarent se sentir très européens, tandis que 42,1% déclarent se sentir moyennement européen. Au total cela fait 71, 5% des Allemands interrogés qui déclarent se sentir très ou moyennement européens.

De même, ils sont 66,2% à trouver très facile ou plutôt facile de se sentir à la fois citoyen allemand et européen.

On constate donc un grand soutien au politique de construction européenne, d'autant plus facilement que celui-ci

---

[1] "Opinion publique et défense européenne en France, en Allemagne et en Italie", *Les Documents du C2SD*, disponible à : http://www.c2sd.sga.defense.gouv.fr/IMG/pdf/c2sd_synth_c2sd_defense_europeenne_2005.pdf
[2] Nous étudierons plus tard les résultats de l'enquête concernant la vision qu'ont les Allemands de la PESD.

ne semble pas rentrer en conflit avec le sentiment d'appartenance nationale.

L'enquête nous révèle que le sentiment d'appartenance des Allemands se manifeste à l'égard de ce qu'ils considèrent comme étant le *Heimat* (mot sans équivalent dans les autres langues, qui désigne un endroit chargé en émotions, l'endroit auquel s'identifiera un Allemand). Ainsi, si 53,2% des Allemands identifient comme *Heimat* la ville où ils sont nés ou la ville dans laquelle ils vivent, ils sont seulement 13,7% à se référer à l'Allemagne, et 2,9% à considérer l'Europe comme *Heimat*.

Ainsi, "*pour la plupart des Allemands, l'UE et même leur propre Etat fédéral sont davantage des organisations fonctionnelles, remplissant une large palette de missions et d'obligations, les liens sentimentaux profonds étant réservés au Heimat. [...] Par conséquent, la plupart des Allemands ne ressentent aucune difficulté à se sentir à la fois allemands et européens, les deux états étant considérés comme émotionnellement neutres*"[1].

Cette étude est très importante, puisqu'elle montre dans quelle mesure les responsables politiques allemands peuvent se permettre de s'investir dans la construction européenne, assurés qu'ils sont de ne pas créer de conflits d'allégeance identitaire au sein de la population allemande.

---

[1] "Opinion publique et défense européenne en France, en Allemagne et en Italie", *art. cit.* p. 51.

B-3) Grands traits de la politique étrangère et de sécurité de l'Allemagne depuis la réunification

B-3-a) Une "normalisation" de la politique étrangère allemande ?

B-3-a-1) Un nouveau rôle en politique étrangère

Avec une population d'environ 80 millions d'habitants, disposant de la quatrième économie mondiale et d'une place géopolitique au cœur de l'Europe, il est incontestable que la République Fédérale d'Allemagne est amenée à jouer un rôle majeur dans les relations internationales. Pour les Allemands, la première manifestation de ce rôle devrait être l'obtention d'un siège permanent au Conseil de sécurité de l'ONU. Si les gouvernements Merkel et Schröder insistent moins sur cette question que le gouvernement Kohl, nos entretiens nous ont permis de voir que la question est toujours brûlante. Tous les députés, diplomates ou officiers interrogés ont évoqué la question de la réforme des Nations unies, réforme qui donnerait, évidemment un poids accru à l'Allemagne.

Le rôle accru dans les affaires internationales s'exprime aussi par une militarisation de l'action extérieure de l'Allemagne depuis 1994 (voir *infra*).

Enfin, l'importance prise par les questions européennes témoigne aussi du nouveau statut international de l'Allemagne.

Il est incontestable que l'Allemagne d'après la réunification a, sur la scène internationale, un besoin accru d'affirmer son existence, sinon sa puissance (le terme est toujours banni).

D'ailleurs, il est intéressant de constater que l'affirmation d'un nouveau statut international, qui entraîne de plus grandes responsabilités, s'accompagne d'une réflexion sur l'existence ou non d'intérêts nationaux, en ce sens qu'ils seraient purement allemands. Le débat en Allemagne se heurte encore aujourd'hui à des interrogations sur la légitimité même de la question.

Ainsi, si les Allemands disent de plus en plus "je", la question "quels sont nos intérêts ?" est loin d'être résolue.

Tout le dilemme est résumé par cette remarque acerbe d'un diplomate français : "*les Allemands nous reprochent constamment de ne pas assez faire attention à leurs intérêts, mais dès qu'on leur demande ce qu'ils veulent, ils sont incapables de répondre autre chose que « plus de considération ». Le problème est qu'ils aimeraient bien avoir des intérêts nationaux à défendre, mais ils sont incapables de les définir. Et comme ils ressentent ça comme une frustration, ils passent leur temps à râler pour prouver qu'ils existent*"[1].

Cette difficulté à définir des intérêts nationaux montre que persistent des facteurs structurels qui influencent le comportement allemand sur la scène internationale.

B-3-a-2) La persistance de facteurs structurels

En premier lieu, ont peut relever le refus persistant de l'unilatéralisme, la *Sonderweg* (voie spéciale[2]), ayant laissé de trop mauvais souvenirs.

Le fait même de poser la question de savoir si la *Bundeswehr* pourrait un jour s'engager seule paraissait incongru aux officiers allemands que nous avons interrogés, mis à part des situations particulières telles que l'évacuation de ressortissants.

On peut aussi relever le souci constant de la *Berechenbarkeit*, qui signifie à la fois fiabilité, crédibilité et prédictibilité. L'Allemagne veut toujours être perçue comme un partenaire fiable et crédible et ne souhaite pas surprendre ses alliés par un comportement sortant de l'habitude. Cette attitude est confortable mais comporte le travers de s'enfermer dans un certain type de comportement, attendu par les autres, et crée

---

[1] Entretien avec un diplomate français.
[2] Le terme *sonderweg* désigne un concept de l'historiographie allemande du XIX° siècle selon lequel il y aurait une "voie particulière" de l'Allemagne dans la construction de son Etat.

finalement une tension entre le souci de reconnaissance et le souci de prédictibilité.

Enfin, on peut évoquer la persistance du *sowohl als auch* que nous avons déjà évoqué et qui consiste à essayer de contenter tous les partenaires sans choisir entre eux. Prenons un seul exemple concret : si la *Luftwaffe* (armée de l'air) a une base d'entraînement aux Etats-Unis, l'armée de terre en a une commune avec la France pour former les équipages de l'hélicoptère de combat *Tigre*.

B-3-a-3) Un horizon modeste

La vision du monde (*Weltanschauung*) allemande a ceci de particulier qu'elle n'est justement pas mondiale. Concrètement, l'Allemagne n'envisage de manière naturelle, comme le fait la France, de s'engager partout dans le monde.

L'image qui continue de se dégager de la politique étrangère allemande est celle d'un manque d'ambition, qui peut entraîner des reproches de la part de ses partenaires. Néanmoins, il faut remarquer que, si ce reproche n'est pas dénué de fondements, la position de l'Allemagne n'est pas très confortable. Ceux qui reprochent à l'Allemagne son manque d'activisme seraient les premiers à crier au retour de l'hégémonisme allemand si la RFA revendiquait un rôle accru en Europe[1]. L'horizon de la politique étrangère allemande reste donc marqué par la "culture de la retenue" (*Kultur der Zurückhaltung*), acquise du temps de la partition. Nous pensons qu'il y aura certainement une érosion de la culture de la retenue, mais elle devrait être très progressive.

---

[1] Franz Joseph Meiers, "La Politique Allemande de Sécurité et de Défense, Equilibrer durablement les Attentes Extérieures et les Contraintes Intérieures". Note du CERFA n°41, février 2007. Disponible à www.ifri.org.

B-3-b) La réalité de la puissance allemande

B-3-b-1) L'émergence d'un nouveau type d'Etat ?

Le politologue allemand Hans W. Maull a qualifié l'Allemagne de "*puissance civile*"[1]. Il utilise ce concept pour définir le concept nouveau de la notion de puissance dans des pays dépourvus d'ambitions militaires ou impériales comme l'Allemagne ou le Japon. La puissance allemande aurait utilisé d'autres voies pour s'exprimer : l'économie, les *Länder* ou encore la société civile. De plus, depuis 1949, la politique allemande n'a pas seulement résidé dans l'action diplomatique, mais aussi dans la volonté de provoquer un effet d'attraction de son modèle politique et social, par le truchement des diverses fondations ou organismes culturels (tels que les *Goethe Institut*).

De son côté, Richard Rosecrance voyait dans l'Allemagne le prototype d'un nouveau type d'Etat : l'Etat commerçant[2]. L'Etat commerçant serait enchâssé dans la toile des relations économiques et politiques internationales, ce qui rendrait toute aventure nationale impossible. Et, de fait, le facteur économique joue un grand rôle dans la conception de la politique étrangère allemande, du fait de l'étroite imbrication de l'économie avec l'étranger : l'importation de matières premières représente les deux tiers des importations allemandes et les exportations allemandes font travailler le tiers de la population.

Enfin, on peut relever certaines impulsions "locarniennes" dans le comportement de l'Allemagne. Par exemple, le préambule de la loi fondamentale affirme que le peuple allemand "*est animé de la volonté de servir la paix du monde en qualité de membre égal en droits dans une Europe unie*". Ainsi, la RFA insiste depuis longtemps sur la

---

[1] Hanns W. Maull, "Zivilmacht Bundesrepublik Deutschland", *Europa Archiv* n° 10, 1992, pp. 269-278. Hanns W. Maull a écrit de nombreux articles sur ce thème.
[2] Richard Rosecrance, *The Rise of the Trading State, Commerce and Conquest in the Modern World*, New York, Basics Books, 1986.

responsabilité et la morale comme fondements de la politique étrangère : en quelque sorte, les Allemands sont persuadés qu'un comportement pacifique de leur part entraînera le pacifisme des autres.

B-3-b-2) Le décalage entre la puissance réelle de l'Allemagne et l'image que s'en font les Allemands

Sur le papier, l'Allemagne est un pays puissant. Avec plus de 80 millions d'habitants, il s'agit du pays le plus peuplé de l'Union Européenne et sa situation géopolitique, au cœur de l'Europe, renforce encore sa capacité d'action politique. Il s'agit de la quatrième puissance économique mondiale, sa balance commerciale est bénéficiaire et le "*made in Germany*" est réputé dans le monde entier. Enfin, la *Bundeswehr* est l'armée conventionnelle la plus puissante de l'OTAN (les Etats-Unis mis à part).

Pourtant, il semble que les Allemands, influencés par la formation de "l'Etat commerçant", se sont créés une forme de culture commerçante. Lors des entretiens, la quasi-totalité des Français interrogés se sont déclarés frappés par le matérialisme de leurs homologues. Dans les années de l'après-guerre, l'Allemagne est devenue beaucoup plus bourgeoise, cherchant le bien-être de ses citoyens. Cet état d'esprit est renforcé par le vieillissement de la population allemande : le taux de fertilité de l'Allemagne était de 1,3 enfant par femme en 2005 et les projections prévoient qu'en 2050, les plus de 60 ans représenteront plus de 20 millions de personnes.

Ces données font dire à un officier français, légèrement ironique : "*les Allemands ont aussi besoin de la stabilité internationale pour que le troisième âge puisse tranquillement continuer ses voyages à l'étranger*"[1].

Enfin, il faut relever que l'opinion publique peut jouer, indirectement, un rôle sur la politique extérieure. En effet, les

---

[1] Entretien avec un officier supérieur français.

dirigeants allemands se sentent toujours l'obligation de préparer la population allemande à toute action extérieure, qui pourrait prendre la forme d'une aventure militaire, ce à quoi les Allemands s'opposent farouchement. Ainsi, pour préparer l'opinion, les responsables politiques allemands ont imaginé la "politique des petits pas" ou "*Salami Taktik*", qui fut largement utilisée par Helmut Kohl pour les interventions hors zone de la *Bundeswehr*. Concrètement, il s'agit d'une mise en place progressive d'une politique. Grâce à l'ajout successif de mesures a priori anodines, on arrive au but recherché.

Cette tactique entraîne deux conséquences sur la manière d'agir des Allemands :
- ils raisonnent dans la durée
- la vérité du jour n'est pas forcément celle du lendemain. Il ne s'agit pas de mensonge de la part des Allemands, mais ils sont dans une logique de processus : chaque instant correspond à une phase de ce processus.

B-3-b-3) La forte réticence à projeter de la puissance

Nous devons aussi relever la difficulté allemande à envisager l'emploi de la force armée (qui conditionne certaines de leurs réactions face aux opérations militaires de la PESD).

Tout d'abord, la notion d'armée d'intervention (*Interventionsarmee*) a une connotation très négative. Depuis 1945, il n'est absolument pas dans la tradition diplomatique allemande d'utiliser la puissance militaire.

Cette habitude est un héritage du Genshérisme, du nom du ministre des affaires étrangères de la RFA de 1974 à 1992. Selon lui, la coopération internationale était possible grâce à la confiance et certainement pas grâce aux moyens militaires. Certes, c'est Konrad Adenauer qui, le premier, avait émis ces concepts, mais c'est M. Genscher qui les a structurés. Ainsi, au cœur de la Guerre Froide, il chercha à appliquer sa célèbre formule : "*ne pas gagner contre l'Est, mais avec l'Est*". Les habitudes de réticence face au versant militaire de la politique de sécurité ont survécu à M. Genscher et jouent toujours un rôle.

Il faut aussi relever la priorité accordée à la prévention des conflits et à leur résolution non-militaire. Les Allemands accordent une grande place à la gestion civile des criscs, ce qui peut aussi expliquer certaines de leurs attitudes au sein des structures PESD.

Enfin, on ne peut omettre une certaine forme de romantisme pacifique. Les Allemands croient sincèrement qu'il faut créer un monde basé sur des valeurs universelles et qu'il est de leur responsabilité d'aider à propager ces valeurs. Il s'agit réellement d'un pacifisme latent, partagé à la fois par la population et les élites, et qui constitue une des composantes essentielles de la politique allemande.

B-3-c) Quelle politique de sécurité pour l'Allemagne ?

B-3-c-1) La militarisation de l'action extérieure

30 Juin 1995 : le *Bundestag* adopte la participation de l'armée fédérale à la Force d'action rapide de l'ONU en Bosnie avec 58% des voix.

28 septembre 2005 : le même *Bundestag* prolonge la participation de la *Bundeswehr* à la mission de l'ISAF en Afghanistan à l'écrasante majorité de 95% des voix.

En dix ans, l'Allemagne est donc passée de la prudence extrême face à une opération de l'ONU à la participation à une opération militaire conduite par l'OTAN. Il s'agit donc de reconstituer les étapes de ce processus d'acceptation de l'utilisation de la force armée.

Le début du processus peut remonter à la deuxième guerre du Golfe. En effet, avant 1990, existait un large consensus pour ne pas engager la *Bundeswehr* en "hors zone". Mais la survenue du conflit en Irak plaça l'Allemagne dans une situation difficile : quatre mois après sa réunification, ses alliés lui demandaient de renforcer son rôle sur la scène internationale. Pourtant, du fait d'une opinion publique largement pacifiste, l'Allemagne limita sa contribution à la "diplomatie du chéquier". Néanmoins, lassé d'être considéré comme un allié peu sûr, notamment par Washington, le Chancelier Kohl initia une réflexion sur la participation de la *Bundeswehr* à des opérations militaires, à condition qu'elles soient menées sous l'égide de l'ONU. Pour montrer sa détermination, il décida en 1992 d'engager les frégates *Bayern* et *Niedersachsen* dans l'opération *Sharp Guard* de l'UEO, qui était chargée de surveiller l'embargo contre la Serbie.

Cette décision suscita la fureur du SPD, qui déposa un recours devant la Cour Constitutionnelle (*Bundesverfassungsgericht*), lui demandant de statuer sur la licéité d'envoyer des troupes allemandes en OPEX. La Cour Constitutionnelle rendit sa décision le 12 juillet 1994. Sans rentrer dans les détails des positions en présence, il est important de retenir que cette décision fonde la possibilité pour l'Allemagne d'envoyer des troupes en opérations extérieures. La Cour a en effet statué que la Loi Fondamentale ne s'opposait pas à l'envoi de troupes dans le cadre des alliances auxquelles l'Allemagne participe pour assurer sa défense, à condition que le Parlement donne son accord.

La décision de la Cour va permettre la participation de l'Allemagne à la mission de l'ONU en Bosnie dès 1995. Et la réflexion s'initie aussi dans les partis politiques. Ainsi, dès 1995, Joschka Fischer, qui sera l'emblématique ministre des Affaires étrangères de Gerhard Schröder, émet des doutes sur l'attitude pacifiste de ce parti, en se demandant si sa *"génération ne court pas le danger d'une démission morale [...] en ne s'opposant pas avec ses moyens à ces horreurs"*[1].

Mais le grand tournant sera constitué par la participation de l'Allemagne à la mission de l'OTAN au Kosovo, en 1999. Il s'agit réellement d'une césure, et nous émettons l'hypothèse que seul un gouvernement issu des forces de gauche, qui ont longtemps été d'un pacifisme forcené, aurait

---

[1] Joschka Fischer, *Die Katastrophe in Bosnien und die Konsequenzen für unsere Partei* (La catastrophe en Bosnie et les conséquences pour notre parti), lettre adressée au groupe parlementaire et au parti des Verts, Bonn, 30 juillet 1995. Merci à Winfried Nachtwei, député Vert, de nous en avoir donné copie.

pu faire accepter une telle révolution. Effectivement, 14 avions *Tornado* allemands effectueront environ 500 sorties et tireront 236 missiles contre des positions serbes. Cette intervention est également remarquable pour deux autres raisons : outre le fait qu'elle n'a pas eu l'aval explicite des Nations unies (même si le secrétaire général de l'ONU la jugeait inévitable), il s'agit d'un sol sur lequel les nazis avaient commis des atrocités lors de la Seconde Guerre mondiale.

La mue idéologique va également s'opérer grâce à l'action énergique d'une grande personnalité du SPD : Peter Struck, qui fut ministre de la défense de 2002 à 2005. C'est sous son impulsion qu'en 2003 et pour la première fois de l'histoire de l'Allemagne depuis 1945, le rôle de l'armée fédérale a été redéfini, dans un document engageant le gouvernement fédéral, à des fins de projection extérieure. Afin de justifier cette politique, il prononça une phrase restée célèbre : "*la défense de l'Allemagne dépend aussi de notre présence sur les hauteurs de l'Hindukush*" en Afghanistan[1].

Et, de fait, la *Bundeswehr* déploie actuellement près de 7000 soldats en opérations extérieures, dans des lieux aussi variés que l'Afghanistan, le Kosovo ou le Liban[2].

Néanmoins, il ne faudrait pas croire, au vu des immenses évolutions survenues en une dizaine d'années, que l'Allemagne accepte sans difficultés la multiplication des OPEX. De nombreux tabous demeurent et, pour s'en convaincre, il suffit d'observer les débats qui se sont déroulés lors de la participation à la Finul renforcée au large du Liban (qui pourrait mettre en contact des forces allemandes et israéliennes) ou lors de la mission EUFOR-RD Congo de 2006.

Clairement, l'action militaire a toujours une connotation négative et il ne faudrait pas croire que l'Allemagne envisage comme naturel de déployer des troupes. Certes, les responsables politiques allemands conçoivent de

---

[1] Cette phrase est restée très célèbre et revient régulièrement dans les articles de journaux ou de fondations analysant la nouvelle politique étrangère allemande.
[2] Une actualisation hebdomadaire des OPEX allemandes et du nombre de soldats déployés est disponible sur le site www.bundeswehr.de.

plus en plus la *Bundeswehr* comme un outil de l'action extérieure, mais il s'agit réellement d'un outil de dernier secours. Il est probable que cette attitude réservée perdure encore longtemps, du fait du poids des habitudes et du statut social du militaire en Allemagne[1]. Le militaire allemand, civil en uniforme, aura en effet lui aussi tendance à se méfier de l'action militaire.

B-3-c-2) L'Allemagne a-t-elle un concept stratégique ?

La question peut sembler provocante, mais il faut se demander si l'Allemagne possède réellement un concept stratégique développé qui structure son action extérieure.

Il peut être intéressant de remonter à l'origine de la réflexion stratégique allemande de l'après Seconde Guerre mondiale. Le 6 octobre 1950, sous l'impulsion du Chancelier Adenauer, un groupe de jeunes officiers supérieurs promis à un bel avenir dans la future *Bundeswehr*[2] se réunit dans le monastère d'Himmerod, près de Bonn, afin de définir un concept stratégique pour un contingent allemand sous commandement atlantique. La menace envisagée étant une invasion soviétique de l'Europe de l'Ouest, l'accent fut mis sur

---

[1] Si nous n'avons pas la place de nous étendre sur ce sujet, contentons-nous de noter que l'appartenance à l'armée n'entraîne pas du tout, en Allemagne, l'appartenance à une classe sociale. Alors qu'en France, le fait de porter l'uniforme est le symbole de l'appartenance à une certaine caste (notamment pour les officiers), en Allemagne, l'uniforme est un simple habit de travail. Le militaire allemand n'est pas un militaire 24 heures sur 24. L'uniforme enlevé, le militaire allemand est un civil comme les autres. Ainsi, il n'existe pas de "statut" des militaires allemand à proprement parler, comme c'est le cas en France avec la loi de 1975. Et la *Bundeswehr* confie ses services de recrutement à des civils qui informent les candidats sur leurs possibilités de carrière (c'est, à notre connaissance, la seule armée à le faire). Sur ces différences de culture, voir Christophe Pajon, *La Coopération Militaire Franco-Allemande, Culture, Structures et Acteurs*, qui cite un certain nombre de situations d'incompréhensions que la différence de perception du statut de militaire peut entraîner. Disponible à : www.c2sd.sga.defense.gouv.fr/IMG/pdf/c2sd_synth82_pajon2_2006.pdf.

[2] On trouve notamment Adolf Heusinger, le premier *Generalinspekteur* de la *Bundeswehr* ou encore Wolf Graf von Baudissin, le père de l'*Innere Führung*.

le combat blindé, l'offensive et la mobilité. Ce concept stratégique a influencé l'armée allemande dans sa conception et son organisation. Il est surtout révélateur que, dès les origines, l'intégration fut à la base de la pensée stratégique allemande.

Si celle-ci fut relativement développée durant la Guerre Froide (le meilleur exemple étant l'élection d'Helmut Schmidt au poste de Chancelier), on constate depuis quelques années un appauvrissement de la réflexion stratégique. Comme nous l'avons déjà relevé, celle-ci a complètement disparu du programme des centres de recherche.

Concrètement, le nouveau Livre Blanc proposé par le ministère de la Défense en 2005 traduit bien cette faiblesse de la réflexion : on y trouve un exposé des alliances et organisations auxquelles appartient l'Allemagne (ONU, OTAN, UE, OSCE...) et une explication selon laquelle l'intérêt de l'Allemagne est d'appartenir à ces alliances[1]. Le Livre Blanc de 2005 est réellement plus descriptif que prescriptif.

Ce manque d'objectifs stratégiques clairs est de plus en plus dénoncé. Ainsi, le 11 février 2007, Volker Perthes, le directeur de la fondation science et politique (*Stiftung Wissenschaft und Politik*), dénonçait dans un article du *Frankfurter Allgemeine Zeitung* le manque de réflexion stratégique de l'Allemagne.

De même, dans le numéro d'août 2007 de la revue *Europäische Sicherheit*, Rolf Clement dénonce "*l'absence de débat fondamental sur les principes de base de la politique allemande de sécurité d'où sortirait un consensus sociétal clair*"[2]. Il propose notamment de s'interroger sur la nature de l'Alliance atlantique et son adéquation avec les défis du monde moderne, ou sur la nature des intérêts allemands. Rolf Clement souligne également qu' "*une nation pauvre en matières premières, industrialisée et commerçante a besoin de sécurité*

---

[1] Il semble ressortir de nos entretiens que le Livre Blanc a été élaboré en interne au sein du ministère fédéral de la Défense et qu'il n'a pas, ou très peu, associé à sa rédaction le ministère des Affaires étrangères. Les enjeux et débats politiques qui ont entouré la rédaction du nouveau Livre Blanc ont pu contribuer à son manque d'approfondissement.
[2] Rolf Clement, "Die Sicherheitspolitische Debatte fehlt immer noch", *Europäische Sicherheit*, août 2007.

énergétique et de liberté des mers. Toutes deux conditionnent la survie de son ordre social et de sa prospérité. Quels instruments, y compris militaires, sont à employer pour les assurer ? Devons-nous engager nos forces armées pour protéger n'importe où les droits de l'homme : ou bien ne s'agit-il que d'un objectif secondaire qui ne justifie pas de mettre en danger la vie de nos soldats ?"[1].

On assiste donc à la naissance d'un courant dénonçant la faiblesse de la réflexion stratégique allemande contemporaine et se proposant d'y remédier. Il est probable que ce mouvement prendra corps et importance d'ici quelques années, puisqu'il correspond à une demande, notamment de la part des officiers allemands, mais à présent, on ne peut pas relever de doctrine stratégique officielle servant à donner une direction à la politique extérieure allemande.

B-3-c-3) Une politique de sécurité malgré tout

Que l'on ne trouve pas trace de documents écrits présentant officiellement la doctrine sécuritaire de l'Allemagne ne signifie pas que l'Allemagne n'ait pas un comportement récurrent dans les questions de sécurité.

Ainsi, on peut relever que, depuis la chute du mur de Berlin, l'Allemagne, comme toutes les nations occidentales, a adopté une définition étendue de la sécurité.

De manière simple, il s'agit de constater que la sécurité n'est pas seulement un problème militaire mais que, face aux crises, une approche globale alliant les moyens civils et militaires est beaucoup plus efficace. L'exemple-type de cette attitude est fourni par le comportement allemand en Afghanistan. Les soldats allemands assurent à la fois des missions strictement militaires (patrouilles…), mais aussi des actions civilo-militaires telles que la reconstruction d'infrastructures nécessaires à l'amélioration des conditions de vie. De même, un certain nombre d'acteurs économiques et

---

[1] *Idem*

politiques allemands sont en œuvre en Afghanistan afin de faciliter la reconstruction[1].

C'est dans ce contexte qu'il faut comprendre la déclaration de la Chancelière Merkel du 9 février 2007, au cours duquel elle a exposé la théorie de la "sécurité entrelacée" (*Vernetzte Sicherheit*). Il s'agirait de la combinaison des ressources politiques, diplomatiques, militaires et civiles nécessaires à la gestion des crises. Il est donc très important de garder à l'esprit l'importance que prend pour l'Allemagne la gestion civile des crises, qui va de pair avec la persistance de la méfiance envers la projection des forces armées que nous avons déjà relevée.

Ainsi, la politique étrangère et de sécurité de l'Allemagne depuis la réunification est à la recherche d'une nouvelle ambition, toujours bloquée entre les vieilles habitudes et la prise en considération de la nouvelle donne stratégique internationale.

On retiendra comme élément marquant une tension entre une logique d'affirmation de soi (militarisation relative de l'action extérieure, opposition aux Etats-Unis) et une méfiance envers les responsabilités impliquées par une telle politique (réflexion stratégique, projection de puissance).

Quoi qu'il en soit, on peut d'ores et déjà affirmer que, quelle que soit la forme que prendra la politique extérieure allemande une fois cette dialectique dépassée (à l'issue d'un processus qui pourrait être long), la politique de sécurité allemande ne sera pas un calque de la politique de sécurité française. Des éléments structurels extrêmement forts, tels que la méfiance envers l'armée, perdureront.

C'est une erreur relativement répandue en France que de croire que l'Allemagne serait encore dans une phase de jeunesse de sa politique étrangère (qui consiste à se méfier des OPEX, par exemple en Afrique) et que, une fois le processus achevé, la politique étrangère et de sécurité allemande

---

[1] Oliver Schulz, "La Politique Allemande dans le Processus de Reconstruction en Afghanistan", *Géostratégiques* n°12, Avril 2006.

ressemblera nécessairement à la politique étrangère et de sécurité française, en ce sens qu'elle serait décomplexée par rapport à l'utilisation de moyens militaires et chercherait l'indépendance à tous crins. Il suffit d'observer les réactions allemandes quant à l'utilisation de l'armée française (les Allemands jugent les OPEX françaises aventureuses et irresponsables) pour comprendre qu'ils ne feront jamais pareil. Il s'agit d'une différence fondamentale de perception de ce qu'est le professionnalisme, qui consiste en une improvisation maîtrisée en France et en une planification parfaite en Allemagne.

Nous pouvons maintenant étudier plus en détails la politique allemande à l'égard de la PESD.

Deuxième partie : l'Allemagne et la construction de la Politique Européenne de Sécurité et de Défense

« Sans tomber dans un excès de réalisme c'est tout de même la moindre des choses que de considérer que l'Allemagne est en Europe » (François Mitterrand)

Nous allons tenter dans cette partie de décrire et d'expliquer le comportement allemand dans la construction de la PESD.

En effet, il est ressorti de nos entretiens avec des responsables français que ceux-ci avaient beaucoup de mal à comprendre ce qu'ils percevaient comme des signaux contradictoires de la part de Berlin, qui soufflerait le chaud et le froid quand à ses intentions sur la construction de la PESD. Ils donnent alors pour explication principale que les Allemands ont l'habitude de l'OTAN et qu'ils seraient hostiles à la PESD du fait de leur trop grande pratique des structures otaniennes.

Il est évident que le comportement allemand est parfois peu lisible, voire contradictoire.

Néanmoins, selon nous, ces attitudes ne relèvent pas de l'imprégnation de la culture otanienne (qui certainement joue un rôle, comme nous le verrons), mais de deux éléments principaux :

- un processus de prise de décision complexe et éclaté, qui pousse au consensus entre les différents responsables d'un dossier et ne favorise pas les grandes avancées
- un souci de la cohérence d'ensemble qui fait que les Allemands préfèrent couvrir un fonctionnaire qui ne suivrait pas la ligne officielle, quitte à modifier cette dernière à la marge pour permettre la couverture, plutôt que d'apparaître comme contradictoires.

Le problème est que cette attitude conduit à l'effet exactement inverse de celui recherché. Si Berlin donne une consigne, non suivie à Bruxelles, les partenaires de l'Allemagne vont chercher à appeler Berlin, qui va alors couvrir le comportement de son fonctionnaire : cette attitude provoque généralement l'incompréhension des partenaires de l'Allemagne, notamment les Français.

Nous allons donc étudier le comportement allemand dans la construction de la PESD au regard des moyens d'analyse établis par les théories des relations internationales pour comprendre la politique étrangère, afin d'en montrer les limites, notamment celles posées par les explications réalistes et libérale-institutionnelle des comportements vis-à-vis de la PESD.

Les approches théoriques classiques des relations internationales ayant montré leurs limites dans le cas spécifique de l'Allemagne, nous adopterons alors une démarche, bien plus explicative, d'analyse de la production des politiques publiques concernant la PESD.

A) Le rôle de l'Allemagne dans la construction de la PESD : la lecture de la politique étrangère

Les théories des relations internationales, par essence, s'attachent à expliquer le comportement d'un Etat sur la scène internationale. Les tenants des principaux paradigmes des relations internationales (réalisme et libéralisme institutionnaliste) ont donc tenté de justifier la nouvelle diplomatie allemande.

Effectivement, les réalistes comme les libéraux ont donné des tentatives d'explication de la nouvelle politique allemande. Mais, avant de nous attarder sur l'étude de ces théories, nous devons adopter une approche constructiviste et étudier les perceptions allemandes de l'Europe. En l'occurrence, il s'agit de comprendre comment l'Allemagne envisage le futur de la construction européenne et quelles sont les menaces qui pèsent, selon elle, sur l'Union. Il faut également étudier le discours politique mis en œuvre par les responsables allemands pour justifier la PESD et le rôle effectif de l'Allemagne dans cette construction.

Nous pourrons alors ensuite tenter d'expliquer l'attitude allemande au regard des approches réalistes et libérales des relations internationales.

A-1) L'Europe et les menaces qui pèsent sur elle

A-1-a) Quelle Europe pour l'Allemagne ?

Comme pour tous les pays membres de l'Union Européenne, la politique européenne de l'Allemagne dépend du calendrier des négociations. On peut relever deux grandes phases dans les positions allemandes :

- la phase des négociations budgétaires (financement des différentes politiques européennes) de la fin des années 1990
- la phase des débats sur la réforme institutionnelle.

Ces deux phases sont liées à un troisième grand thème : l'élargissement. Ces différentes phases illustrent les grandes lignes d'une pensée européenne conçue par la génération "post-Kohl" de décideurs allemands et qui montre que, si l'intégration demeure au cœur du projet européen allemand, ce n'est plus une fin en soi.

La recherche de l'intégration est plus sélective et plus conditionnelle. L'Allemagne met également plus en avant son poids économique (son PIB représente 29% de celui des pays de la zone euro) et son poids démographique.

A-1-a-1) La présidence de l'Union en 1999

La présidence allemande de l'Union Européenne en 1999 a eu une valeur initiatique pour cette nouvelle génération de dirigeants. Le point le plus important de la politique européenne de l'Allemagne, souligné par Gerhard Schröder dès sa prise de fonction, devait être de faire de la baisse de la contribution allemande au budget européen un préalable à tout accord sur les finances de l'Europe, et donc sur l'élargissement. Néanmoins, une fois la présidence assumée, l'Allemagne s'est rendu compte qu'une seconde crise, après celle provoquée par la démission de la Commission Santer, fragiliserait toute la construction européenne. Elle a donc dû se résoudre à des compromis, au grand dam d'une grande partie de ses diplomates : abandon du cofinancement, maintien du rabais britannique accordé en 1984, rééquilibrage très modeste des contributions nationales au budget européen. Ce compromis a été très critiqué par la CDU, notamment par la voix de

Wolfgang Schaüble[1], qui a appelé à l'élaboration d'"*une sorte de traité constitutionnel*"[2].

Se mettent en place dès ce moment trois revendications qui vont structurer le discours allemand sur l'Europe : la nécessité d'un "rééquilibrage" des contributions financières, la défense de la subsidiarité et la réforme des institutions, impliquant l'adoption d'une Constitution européenne.

Dans l'esprit de l'Allemagne, la réflexion institutionnelle (officiellement lancée au sommet de Laeken de décembre 2001), devait déboucher sur la rédaction d'une Constitution.

Au sein des partis politiques, la CDU était plus avancée dans ses réflexions que le SPD et le gouvernement social-démocrate, forçant ce dernier à se situer par rapport à elles et à reprendre certaines de ses idées. La CDU était largement inspirée par les *Réflexions sur la politique européenne*, rédigées en 1994 par Wolfgang Schaüble et Karl Lammers[3]. Ce texte décrit une réforme des institutions européennes, pour faire face à l'élargissement. Les deux députés proposaient un renforcement et une clarification du cadre institutionnel par l'adoption d'une Constitution qui définirait, en vertu du principe de subsidiarité, les compétences de l'Union européenne, des Etats et des régions. La démocratisation passerait par le renforcement du Parlement européen et par la consultation des parlements nationaux. Le gain d'efficacité s'opérerait grâce à une réforme du Conseil, de la Commission et de la présidence de l'Union. On trouve surtout la première formulation de ce qui deviendra le "noyau dur", qui vise à *"opposer aux forces centrifuges un centre solide au sein de l'Union Européenne toujours plus vaste"* et qui permettrait *"aux pays désireux et capables d'avancer plus rapidement que les autres sur la voie de l'intégration de ne pas être bloqué par les*

---

[1] Actuel ministre de l'Intérieur
[2] Compte rendu des débats parlementaires, séance du 26 mars 1999, 14ᵉ législature, *Bundestag*, p. 2579.
[3] Merci à Jörn Thiessen, député SPD, de nous avoir fourni ce document et de nous avoir éclairé sur son importance

droits de veto des autres membres". Ce concept du "noyau dur" réapparaît régulièrement dans le débat sur l'avenir de l'Europe, par exemple après l'échec du sommet de Bruxelles en 2003 ou après le vide créé par l'échec des référendums français et néerlandais de 2005. Ce document n'a pas eu l'effet escompté, notamment du fait de l'absence de réaction de la part de la France, qui en était le premier destinataire. Mais il est indéniable qu'il a durablement influencé la pensée européenne de la RFA, bien au-delà de la CDU.

A-1-a-2) Les propositions européennes de Joschka Fischer

L'Allemagne ne va reprendre l'initiative dans le domaine européen qu'en 2000, avec le célèbre discours du 12 mai 2000 de Joschka Fischer, ministre des Affaires étrangères, à l'université Humboldt de Berlin.

Ce discours, prononcé "*à titre privé*" mais par rapport auquel vont se situer les propositions futures, relance le débat sur la création d'une fédération en Europe. Les idées de fédéralisme (même tempéré), de "noyau" et de traité constitutionnel ne vont plus quitter le débat européen et vont trouver une application partielle dans le projet de Constitution. La reprise par le Chancelier Schröder des interventions de Fischer et l'approbation de ces discours par les démocrates-chrétiens montrent une certaine constance dans la pensée européenne de l'Allemagne.

Fischer a le mérite de ne pas souhaiter l'apparition d'un "super-Etat" dont le rôle serait de tout réglementer. Mais, constatant qu'"*il existe un risque de voir l'élargissement mettre à mal la capacité d'absorption de l'Union européenne avec ses institutions et ses mécanismes anciens*", il propose "*le passage d'une alliance d'Etat à une parlementarisation complète au sein d'une fédération européenne*", qui devra "*se fonder sur un traité constitutionnel*" qui transférerait "*à la fédération le cœur de la souveraineté et uniquement ce qu'il est absolument nécessaire de régler au niveau européen*", le reste étant "*de la compétence des Etats-membres*". Fischer estime que ce serait une erreur de vouloir "*achever l'intégration européenne contre les traditions et les institutions nationales existantes, sans chercher à les intégrer"*.

Il propose alors de créer un Parlement européen composé de deux chambres représentant *"une Europe des Etats nationaux et une Europe des citoyens"*. La première chambre serait composée de députés nationaux et la deuxième de députés élus au suffrage universel direct. Concernant l'exécutif, Fischer envisage soit la transformation du Conseil européen en un véritable gouvernement européen, soit l'élection au suffrage universel direct d'un président doté de larges compétences. Pour le calendrier, il préconise plusieurs étapes. Tout d'abord *"une coopération renforcée entre les Etats qui veulent coopérer de manière plus étroite que les autres"* dans certains domaines (environnement, PESC...). Ensuite, la création d'un *"centre de gravitation"*, qui rassemblerait un groupe d'Etats unis par un traité fondamental européen. Ce traité créerait des institutions propres, un gouvernement commun, un parlement fort et un président élu au suffrage direct. Ce centre serait *"la locomotive conduisant à l'achèvement de l'intégration politique"* car il contiendrait tous les éléments de la fédération future. La dernière étape verrait l'achèvement du processus au sein d'une fédération européenne.

Fischer a eu le mérite de relancer le débat. Les pays tels que le Danemark, l'Irlande et le Royaume-Uni exprimèrent leurs craintes d'une Europe à plusieurs vitesses.

De son côté, la France apporta une réponse un peu gênée. Lors de sa visite d'Etat en Allemagne en juin 2000, Jacques Chirac prit soin, tout en approuvant l'idée de groupe pionnier et de Constitution afin de clarifier les compétences de l'Union et des Etats-membres, de prendre ses distances avec Joschka Fischer en disant préférer : *"l'Europe unie des Etats"*. Le ministre des Affaires étrangères, Hubert Védrine, réagit le 11 juin 2000 dans une tribune au *Monde*, dans laquelle il indiqua sa préférence pour une autre formule, a priori singulière, le *"fédéralisme intergouvernemental"*. De son côté, le Premier ministre Lionel Jospin exprima sa préférence pour une *"fédération d'Etats-nations"* et va mettre en garde contre l'interprétation de Fischer du terme de fédération : "*pour certains, ce terme signifie un exécutif européen qui tirerait sa légitimité du seul Parlement européen. Cet exécutif aurait le monopole de la diplomatie et de la défense. Dans ce nouvel ensemble, les Etats actuels auraient le statut des Länder allemands ou des Etats fédérés américains. La France, comme d'ailleurs d'autres nations européennes, ne saurait accepter un tel statut*"[1].

Cet échange franco-allemand va influencer la réflexion allemande sur l'Europe, notamment à partir de 2002-2003. L'Allemagne va tempérer sa vision fédéraliste sans en abandonner les principaux traits. Les Allemands vont alors abandonner les aspects les plus fédéralistes de leur discours, propres à choquer les Français, sans pour autant se renier. Des deux côtés du Rhin, la prise de conscience du besoin de coordination va conduire à la présentation, d'une contribution franco-allemande, en janvier 2003, sur l'architecture institutionnelle de l'Union, à mi-chemin entre la vision fédérale et la vision intergouvernementale. Une partie importante de ces propositions sera reprise dans le texte final de la Constitution adoptée par les chefs d'Etat et de gouvernement le 18 juin 2004.

Le rapprochement des deux positions est illustré par l'acceptation du système de la "double présidence". L'Allemagne a accepté la position française d'un président du Conseil, tandis que la France a soutenu la proposition allemande (et fédéraliste) d'un président de la Commission qui serait élu par la Parlement européen.

Le rapprochement des positions françaises et allemandes a également pu être observé lors de la présidence allemande du Conseil de l'Union européenne. La Chancelière Merkel, qui souhaitait relancer la construction européenne par l'adoption d'un nouveau traité, a rencontré le soutien du Président Sarkozy et leur action conjointe a permis d'aboutir à un accord.

---

[1] Intervention de M. Lionel Jospin, Premier ministre, sur « L'avenir de l'Europe élargie », Paris, le 28 mai 2001, p.17.

Ainsi, on peut observer que la position allemande en ce qui concerne la construction européenne est plutôt fédéraliste, mais qu'elle est capable de s'infléchir pour arriver à un accord. L'Allemagne recherchera plutôt une solution fédérale mais est capable de sacrifier à cet objectif un compromis qu'elle jugera acceptable.

Cette conclusion est importante, notamment dans le domaine de la PESC/PESD. Si l'Allemagne préférerait une communautarisation de la PESC, elle est capable de se contenter d'une PESC intergouvernementale et efficace, d'autant qu'elle voit la PESC comme un moteur de l'intégration. Dans le domaine de la PESD, le frein est trop fort : il est inconcevable pour les Allemands que leurs troupes soient déployées sans l'accord du *Bundestag*[1]. Les Allemands considèrent également la décision intergouvernementale dans le domaine comme une bonne chose car elle force à obtenir un consensus.

Il reste cependant à considérer la manière dont l'Allemagne perçoit le rôle international de l'Union Européenne et les menaces qui pèsent sur elle.

A-1-b) Le rôle pour l'Europe dans le monde et la réponse face aux menaces

A-1-b-1) Une Europe contrepoids aux Etats-Unis ?

Joschka Fischer estimait que l'Europe devait être capable d'assumer un poids sur la scène mondiale et de devenir un acteur stratégique à part entière[2]. Comme les élites françaises, le ministre voyait dans le développement de la PESC le moteur des avancées européennes. Il jugeait également que seules les grandes constructions continentales seraient capables

---

[1] Ce point ressort de tous les entretiens que nous avons menés.
[2] "Interview des deutschen Aussenministers Joschka Fischer zu Europa, Amerika und den gemeinsamen strategischen Aufgaben mit der „Frankfurter Allgemeine Zeitung" vom 6. März 2004", *Internationale Politik*, avril 2004, p. 128-134.

de relever les défis présents et futurs, notamment les menaces asymétriques. Il n'hésitait pas à écrire que "*l'OTAN fut d'abord un instrument de la Guerre Froide et elle ne deviendra véritablement un instrument du XXIe siècle que si la dimension stratégique de l'Europe se concrétise*" et que "*la manière dont l'UE répondra aux menaces stratégiques définira de façon déterminante notre rapport à l'Amérique*"[1].

Dès lors, le débat sur la nature de l'OTAN devait être mené. Lors de la *Wehrkunde* de 2005, le Chancelier Schröder appelait à une refondation de l'OTAN pour lui permettre de faire face aux défis du XXIe siècle et demandait, notamment, un rôle accru pour l'Europe[2].

Mais "*constituer l'Europe en un pilier de l'OTAN ne revenait cependant pas à l'ériger en pôle*"[3]. Effectivement, la conception d'un monde multipolaire reste exclusivement française. Certes, le gouvernement rouge et vert a défié Washington et a noué une alliance de circonstance avec Moscou, il n'empêche que jamais on ne trouve chez Joschka Fischer l'évocation du concept de multipolarité du monde.

Gerhard Schröder fut plus ambigu sur ce thème. Lors d'un discours de 1999 devant l'Assemblée nationale, il reprit à son compte la conception très française de "l'Europe puissance" : "*Je fais mienne, ici et maintenant, cette expression française qui définit exactement notre vision commune de l'Europe future. Nous voulons une Europe qui sache défendre avec assurance et succès ses intérêts tout en étant ouverte à la concurrence mondiale pour trouver les meilleures réponses aux questions de l'avenir*"[4].

Le Chancelier a d'ailleurs plusieurs fois, subrepticement, prononcé le mot de "multipolarité" entre 2000

---

[1] *Idem.*
[2] Gerhard Schröder, *Rede auf der XLI. Münchner Konferenz für Sicherheitspolitik* (discours à la XLI° conférence sur la politique de sécurité), 12 février 2005. La *Wehrkunde* réunit chaque année à Munich les décideurs politiques et militaires du monde entier.
[3] Anne-Marie le Gloannec, *Berlin et le Monde, les Timides Audaces d'une Nation Réunifiée, op. cit.* p. 146.
[4] Discours de Gerhard Schröder devant l'Assemblée nationale, 30 novembre 1999.

et 2003, ce qui n'était pas pour déplaire à l'opinion publique, tant elle était critique envers l'administration américaine. Mais il n'existe aucune trace d'un grand discours où Schröder se rallie à cette idée de monde multipolaire. Il a ainsi plusieurs fois effleuré la ligne rouge, sans jamais la franchir vraiment.

En effet, ce concept ne rencontre pas beaucoup d'écho au sein des classes dirigeantes allemandes, car il est compris comme supposant d'avoir à se rapprocher de la Chine et de la Russie, fût-ce à contrecoeur (ce qui est loin d'être une option unanimement souhaitée) et qu'il impliquerait un éloignement radical des Etats-Unis.

Il convient de rappeler que dans les cercles intellectuels, un grand nombre d'analystes déplorèrent en 2003 que Schröder se soit permis de choisir entre Washington et Paris afin de s'assurer le soutien de la population.

Il existe ainsi un fossé entre les élites allemandes et l'opinion publique, de sorte que "*le gouvernement d'Angela Merkel doit prudemment manœuvrer entre deux extrêmes, entre une politique à la Schröder que les élites ne souhaitent pas, à droite plus qu'à gauche, et un rapprochement vis-à-vis des Etats-Unis qui irait trop loin*"[1].

Christoph Bertram, de la DGAP, est certainement celui qui résume le mieux la perception allemande du poids de l'Europe sur la scène internationale. Selon lui, "*les Européens ont été de bons passagers arrières, doués d'un sens critique : ils savent qu'ils ne peuvent pas descendre de voiture, ils connaissent le code de la route, ils s'y connaissent en mécanique mais ils n'ont jamais tenu le volant. En vérité, ils n'y tiennent pas vraiment*"[2]. Ainsi, en raison de ses lacunes, par sa faiblesse militaire, par indécision politique et par manque d'ambition, l'Europe n'a d'autre choix que de rester proche du géant américain. Prenant acte du fait que le camp occidental est

---

[1] Anne-Marie le Gloannec, *Berlin et le Monde, les Timides Audaces d'une Nation Réunifiée, op. cit.* p.149
[2] Christoph Bertram : "Europe's Best Interest : Staying Close to Number One", *Internationale Politik*, Janvier 2003.

profondément divisé, notamment en raison de l'action de l'administration Bush, Bertram considère néanmoins que "*l'Union européenne ne peut faire cavalier seul : si elle le faisait, elle ne serait ni efficace, ni unie et elle perdrait toute chance de participer au débat américain et de l'influencer*"[1].

Sa conclusion est claire : la meilleure approche, pour les européens, consiste à être des "alliés intelligents" qui ne succombent pas à la tentation de critiquer les administrations américaines pour satisfaire leurs opinions publiques.

A-1-b-2) Les particularités de la perception allemande de la menace et les conséquences sur le développement de la PESD

Les Allemands ne se sentent pas menacés, de nos jours, pas par ce que nous pourrions appeler une menace militaire "traditionnelle" telle que celle qu'exerçait l'Union Soviétique durant la Guerre Froide. Dans le futur prévisible, aucune attaque militaire directe contre les territoires européens ne semble pouvoir survenir de l'Est ou d'une autre direction. Néanmoins, cela ne signifie pas que les Allemands se sentent en absolue sécurité. Une récente étude de l'Institut de Sciences Sociales de la *Bundeswehr* (*Sozialwissenschaftliches Institut der Bundeswehr*) a mis en évidence les perceptions de la menace par les Allemands[2].

Quand on leur demande ce par quoi ils se sentent menacés, les Allemands mettent des thèmes économiques et sociaux, tels que la réduction des services de sécurité sociale (60%), une crise économique en Allemagne (56%) ou le chômage (42%), en haut de la liste. Les menaces "traditionnelles" telles que les armes de destruction massive (29%) ou un conflit quelque part dans le monde (29%) passent au deuxième plan. Les Allemands se sentent encore moins

---

[1] *Idem*
[2] SOWI : *Bevölkerungsumfrage 2005. Repräsentative Befragung zum sicherheits- und verteidigungspolitischen Meinungsbild in Deutschland. Ergebnisbericht.* Strausberg, Août 2005. pp. 3-15.

menacés par une attaque terroriste sur le territoire allemand (27%) ou par une attaque militaire contre l'Allemagne (14%).

En accord avec leur attention portée sur les problèmes domestiques et personnels, les Allemands sont de plus en plus sceptiques envers un rôle plus actif de leur pays sur la scène internationale. En 2001, 54% des Allemands soutenaient une politique étrangère allemande active. En 2003, ils étaient 38% et 34% en 2005. En contraste 43% des interrogés pensent que l'Allemagne ne devrait pas s'occuper des problèmes, crises et conflits des autres mais se concentrer sur ses problèmes domestiques. Si l'on observe l'échantillon plus précisément, on constate que les personnes disposant de ressources éducationnelles faibles sont les plus sceptiques envers une diplomatie allemande active, tandis que les plus diplômés sont, au contraire, beaucoup plus favorables à un tel rôle. De plus, il existe une forte corrélation entre la crainte de diminutions futures des services de prestations sociales et le rejet d'une politique étrangère allemande active.

Bien que les Allemands aient tendance à se focaliser sur l'aire domestique, ils sont très conscients des défis et menaces qui se posent au monde d'aujourd'hui. Selon un sondage de la fondation Bertelsmann et de l'institut de sondage Emnid[1], les Allemands classent la destruction de l'environnement et le changement climatique (53%) de la liste des défis globaux. Les suivants sont le terrorisme international (52%), la pauvreté et la surpopulation (45%), la guerre (34%), la raréfaction des ressources naturelles (28%) et les armes de destruction massive (28%). Les quatre menaces arrivant en fin de classement sont les pandémies (16%), le vieillissement de la population (15%), le fondamentalisme (10%) et les Etats faillis (5%).

Comme aucune de ces menaces ne dépasse franchement la barre des 50%, le sondage indique qu'aucune des principales

---

[1] Fondation Bertelsmann et institut Emnid (2006): *World Powers in the 21st Century. The Results of a Representative Survey in Brazil, China, France, Germany, India, Japan, Russia, The United Kingdom and The United States.* Berlin, juin 2006. pp. 21-22.

menaces pesant sur la sécurité globale n'est considérée par les Allemands comme étant d'une importance fondamentale. De plus, le fait que le réchauffement climatique et la pauvreté occupent respectivement la première et la troisième place tandis que le terrorisme international et la guerre occupent la deuxième et la quatrième montre un enchevêtrement des défis "*hard*" ou traditionnels et des défis "*soft*" ou nouveaux. Ainsi, selon la perception des Allemands, il n'existe ni une menace qui dépasserait toutes les autres ni une claire priorité sur la nature de cette menace.

Et, quand il s'agit d'identifier les meilleurs moyens pour faire face à ces menaces, les Allemands ont une préférence claire envers des moyens pacifiques. La majorité des Allemands rejette l'usage de la force militaire et pense que tous les conflits intra- et interétatiques peuvent être résolus pacifiquement[1].

Ils pensent également que le pouvoir économique est bien plus capable que le pouvoir militaire d'influencer sur l'agenda international. Cette préférence pour les actions non-militaires se reflète dans les qualités que, selon les Allemands, une nation doit posséder pour constituer une puissance mondiale. Selon eux, une grande puissance est d'abord faite d'un système politique stable (64%), d'une système d'éducation efficace associé à des programmes de recherche (54%), d'un pouvoir économique associé à une forte croissante (49%) et de capacités d'innovation et d'adaptabilité (41%). Le pouvoir militaire termine en fin de liste, seulement 7% des Allemands considérant qu'il s'agit d'un déterminant pour une grande puissance[2].

Quelles sont les conséquences pour la politique allemande envers la PESD ? Considérant le fait que la menace est, pour les Allemands, un mélange d'éléments *soft* et *hard*,

---

[1] SOWI : *Bevölkerungsumfrage 2005. Repräsentative Befragung zum sicherheits- und verteidigungspolitischen Meinungsbild in Deutschland. Ergebnisbericht.* Strausberg, Août 2005. p. 18.
[2] Fondation Bertelsmann et institut Emnid (2006): *World Powers in the 21st Century.* op.cit. p. 10

cette perception correspond largement à la Stratégie Européenne de Sécurité adoptée en décembre 2003 par les chefs d'Etat et de gouvernement des Etats-membres de l'Union Européenne. La SES mentionne le terrorisme, la prolifération des armes de destruction massive, les conflits régionaux, les Etats faillis et le crime organisé comme les cinq "menaces-clefs" à la sécurité européenne. De plus, la SES mentionne la pauvreté, le sous-développement et la compétition pour les ressources comme des défis globaux majeurs[1].

De plus, cette vision correspond à la définition "officielle" des menaces qui pèsent sur l'Allemagne, telles qu'elles ont été définies par le nouveau *Livre Blanc*.

Quand on les interroge sur le besoin pour l'Europe de disposer d'une politique étrangère commune, les Allemands y sont favorables à 80% Ils semblent prêts à approuver le développement vers plus d'organisations et institutions militaires européennes. De plus, si l'Europe parvient à mettre en place des structures de sécurité, près de 60% des Allemands interrogés estiment que les forces et institutions européennes de sécurité devraient être égales à celles de l'OTAN. Mais comme les Allemands rejettent toute concurrence entre les deux organisations, ils approuvent le concept de rôles complémentaires entre l'OTAN et l'UE[2].

Ainsi, la perception de la menace par la population allemande fait peser deux contraintes sur la politique de l'Allemagne envers la PESD.

---

[1] "Une Europe sûre dans un monde meilleur. Stratégie Européenne de Sécurité". Document présenté par Javier Solana et adopté par le Conseil Européen de Bruxelles le 12 décembre 2003. Disponible sur www.iss-eu.org/solana/solana/f.pdf.
[2] "Opinion publique et défense européenne en France, en Allemagne et en Italie", art. cit.

Tout d'abord, la focalisation sur les questions socio-économiques fait que les Allemands accordent peu d'importance aux questions de sécurité strictement militaires, qui devraient constituer le cœur de la PESD si celle-ci veut se développer. Ainsi, ne pas porter l'accent sur les problèmes de sécurité mais sur les problèmes économiques et sociaux est bien moins coûteux politiquement pour un responsable que l'inverse.

Ensuite, même si les Allemands sont conscients des enjeux de sécurité globale, ils ne pensent pas que les moyens militaires soient les plus appropriés pour les résoudre. Jusqu'à présent, les missions PESD n'ont jamais eu à rencontrer de forte résistance sur le terrain. Mais si cela devait être le cas, et que cette situation se traduise par un nombre important de militaires allemands tués ou blessés, le soutien des pouvoirs publics à de telles missions serait encore plus hésitant qu'aujourd'hui.

La population allemande est donc en décalage avec l'UE, qui voit dans le développement des missions militaires un moyen de répondre aux menaces globales. Dans ces conditions, convaincre la population du besoin d'une plus grande implication de l'Allemagne dans la construction de la PESD (par un appui politique et un soutien financier) risque d'être difficile.

A-2) Le rôle de l'Allemagne dans la construction de la PESD

A-2-a) La PESD au sein du discours des responsables politiques allemands

Il est clair que le discours politique ne reflète pas exactement les positions des différents acteurs. Néanmoins, il peut être possible, en tenant compte du contexte et dans une certaine mesure, de faire la part de la rhétorique pour apercevoir des positions plus fondamentales. On peut également mettre en évidence l'instrumentalisation du discours par les acteurs, qui présentent le processus de mise en place de la PESD selon leurs préférences. Dès lors, la rhétorique devient l'expression des priorités politiques, ce qui justifie une approche discursive.

A-2-a-1) Gerhard Schröder et la PESD

Le Chancelier Schröder a justifié le développement de la PESD par des motivations assez différentes de celles avancées par le Président Chirac et le Premier ministre Blair. Ces motivations sont assez révélatrices des conceptions qu'il avait du rôle de la PESD[1].

On retrouve trois lignes directrices qui structurent le discours : des considérations de politique de sécurité et de défense et des considérations relatives à l'intégration européenne et des vues sur les rapports entre l'UE et l'OTAN.

Dans le domaine des capacités, on peut remarquer que Gerhard Schröder parlait toujours de capacités d'action en termes généraux, reprenant le plus souvent les phrases contenues dans les déclarations officielles ou les accords. Pour ne prendre qu'un exemple, devant le corps diplomatique, il déclarait que "*la PESD augmentera considérablement la capacité d'action de l'Europe*"[2], ce qui est une reprise de la déclaration de Saint-Malo. De plus, le discours sur les capacités concrètes de la PESD était limité à la prévention et la gestion des crises. Cette retenue est révélatrice de certaines réserves allemandes, notamment pour les raisons d'opinion publique que nous avons évoquées. Mais le Chancelier pouvait être parfois être plus précis. Ainsi, devant l'assemblée parlementaire de l'OTAN, en novembre 2000, il adopte un discours beaucoup plus concret sur les capacités militaires et accorde un grand rôle

---

[1] Katrin Milzow, "Le Discours Politique et la Sécurité en Europe : Blair, Chirac et Schröder et la Politique Européenne de Sécurité et de Défense (1998-2003)", *Relations Internationales* n°125, Hiver 2006.
[2] G. Schröder, *Jahresempfang für das Diplomatische Korps*, Berlin, 20 novembre 2000. Disponible à www.bundesregierung.de

aux aspects matériels de la PESD[1]. On constate ainsi qu'il adapte son discours à son public.

On peut aussi relever que Schröder avait tendance à inscrire la PESD dans le processus d'intégration communautaire. Il insistait sur les tentatives, réussies ou non, en montrant qu'elles sont un pas vers l'intégration. Par exemple, il affirmait être content qu'on ait au moins tenté de faire de l'UE la *Lead Nation* en Macédoine. Il ressortait donc du discours de Schröder que la PESD était un moyen de relancer le processus d'intégration. Mais comme le note Katrin Milzow : "*A priori, les dimensions matérielles et intégratives associées à la PESD ne sont pas incompatibles entre elles. Cependant, l'analyse du discours des trois acteurs indique une source potentielle de divergence. En effet, elle révèle une dialectique entre un discours d'accomplissement d'un projet historique qui remonte au projet de CED et un discours de renouveau de l'Union européenne en tant qu'Europe puissance ou European superpower. Quand cette dialectique se superpose sur la dialectique entre projet d'intégration et projet sécuritaire, on arrive à une opposition entre « accompli institutionnel » et reste à faire en terme de capacités. Ainsi, la tendance de Schröder d'inscrire la PESD dans le processus d'intégration plus large le mène à considérer la PESD en tant que reprise du projet échoué de CED. La simple relance de cette idée, même au stade de projet non-accompli, acquiert alors un caractère d'acquis. Ceci, en plus de contraintes budgétaires et d'opinion publique, renforce ses réticences à mettre en avant le reste à faire sur le plan des capacités. Il va sans dire que ce n'est pas pour plaire à Chirac, et surtout à Blair, qui mettent en avant l'accent sur le reste à faire matériel*"[2].

---

[1] G. Schröder, *Parlamentarische Versammlung der NATO*, Berlin, 21 novembre 2000. Disponible à www.bundesregierung.de
[2] Katrin Milzow, "Le Discours Politique et la Sécurité en Europe : Blair, Chirac et Schröder et la Politique Européenne de Sécurité et de Défense (1998-2003)", art. cit.

Enfin, on retrouvait chez Schröder une ambiguïté permanente concernant les relations que, selon lui, devraient entretenir la PESD et l'OTAN.

Le Chancelier a le mieux résumé sa pensée -et ses ambiguïtés- dans cette formule : "*une UE capable d'agir militairement **aux côtés** de l'OTAN et avec une identité de sécurité et de défense efficace **à l'intérieur** de l'OTAN*"[1]. Il révèle ainsi la délicatesse de sa position, à mi-chemin entre les conceptions britanniques et françaises.

Ainsi, on peut relever quelques constantes dans le discours de Schröder, notamment une insistance sur les aspects intégrateurs de la PESD et sur le besoin de bonnes relations entre la PESD et l'OTAN. On peut aussi noter que Schröder insistait sur les capacités de l'Union quand il s'adressait à une audience atlantiste et qu'il souhaitait dépasser le cadre intergouvernemental devant le *Bundestag*, mais pas à l'étranger.

Apparaissent ainsi certains des thèmes récurrents dans le discours allemand : le besoin de coordination PESD/OTAN (les deux ne devant jamais être rivaux) et la nécessité de la poursuite de l'intégration européenne.

A-2-a-2) La Chancelière Merkel

Dès son arrivée au pouvoir, Angela Merkel envoya un signal clair en faveur de l'atlantisme : lors de son premier déplacement à l'étranger (à Paris, comme il se doit), elle en profita pour visiter le siège de l'Alliance à Bruxelles. Le symbole était transparent : Paris perdait sa relation exclusive avec Berlin, et l'OTAN était explicitement valorisée.

Convaincue de la nécessité de "*revaloriser le lien transatlantique*" et de "*normaliser la relation avec la France*", la chancelière fut perçue comme atlantiste en matière de Défense, ce qu'elle confirma lors de la 42ᵉ conférence sur la sécurité de Munich, le 4 février 2006, qui portait sur le thème :

---

[1] G. Schröder, *Parlamentarische Versammlung der NATO,* Berlin, 21 novembre 2000. C'est nous qui soulignons.

"Renouveau du partenariat transatlantique". Lors de son premier grand discours de politique étrangère, devant un public composé de ministres et de hauts responsables, Mme Merkel déclara que "*l'OTAN a la priorité* [pour la défense de l'Europe]"; et doit se doter de capacités permettant "*l'assistance aux populations et la reconstruction*". Lors de cette intervention, elle ne prononça pas une seule fois les mots de "Politique Européenne de Sécurité et de Défense", estimant que l'interlocuteur naturel de l'OTAN devait être l'Union Européenne (et non pas les structures PESD).

La Chancelière précisa ses ambitions dans le domaine de la PESD le 8 novembre 2006, lors d'une conférence organisée par la DGAP, où elle expliqua que la PESD était encore beaucoup trop jeune pour être efficace. Elle déplora également le manque de visibilité de l'Europe sur la scène internationale, reprenant à son compte la fameuse boutade de Henry Kissinger : "L'Europe? Quel numéro?"[1].

Deux jours plus tard, le 10 novembre 2006, lors du forum Impulse 21, elle déclara que : "*l'Otan est et reste le principal garant de notre sécurité. Nous voulons également que les structures européennes de sécurité se développent, non pas en contraire ou en opposition de l'OTAN, mais en tant que structures européennes*". Elle estima également que l'OTAN est "*le centre du dialogue politique transatlantique*"[2].

Au bout d'un an de gouvernement Merkel, il pouvait sembler que "l'Allemagne pense que la recherche d'un consensus sur l'ensemble des problèmes de sécurité transatlantiques est d'abord un objectif de l'OTAN. En cas d'échec, l'Union Européenne peut envisager une action autonome"[3].

---

[1] *Rede von Bundeskanzlerin Angela Merkel im Rahmen einer Vortragsveranstaltung der Deutschen Gesellschaft für Auswärtige Politik*, 8 novembre 2006, disponible à www.bundeskanzlerin.de.
[2] *Rede von Bundeskanzlerin Angela Merkel anlässlich der Tagung „Impulse 21-Berliner Forum Sicherheitspolitik"*, 10 novembre 2006, disponible à www.bundeskanzlerin.de.
[3] Karl-Heinz Kamp et Carlo Masala, "La Politique Etrangère et de Sécurité de la Grande Coalition, un Premier Bilan", note du CERFA/IFRI n°38, novembre 2006.

Effectivement, au regard des différentes interventions de la Chancelière, on pouvait repérer quelques constantes dans son discours sur la relation OTAN/PESD:

- la PESD est une structure trop jeune pour être réellement mature et efficace
- l'OTAN dispose de capacités largement supérieures à celles de la PESD, et est donc à ce titre le meilleur garant de la sécurité de l'Europe
- l'OTAN est un forum politique de première qualité pour traiter des questions de sécurité transatlantiques
- l'OTAN doit pouvoir disposer de capacités civiles, la sécurité n'étant pas l'affaire des seules actions militaires
- la PESD doit être vue comme un moyen de faciliter les synergies transatlantiques, et non comme un moteur de l'émancipation européenne. Si l'UE décide d'actions autonomes dans le domaine de la sécurité et de la Défense, ce ne seront que des actions de faible intensité. En cas de crise grave, le soutien des Etats-Unis reste indispensable.

Néanmoins, l'évolution du contexte international lors du premier semestre 2007 a certainement pesé sur la réflexion de la chancelière.

Tout d'abord, il faut rappeler le déroulement de la mission EUFOR/RD Congo, conduite dans le cadre de la PESD sous commandement allemand, sur demande de l'ONU. Malgré les réticences initiales de l'Allemagne[1], la mission s'est bien passée et est unanimement considérée comme une réussite. Le général Viereck (commandant l'OHQ à Potsdam) répétait d'ailleurs à l'envi que "*sur le plan militaire, la mission est un succès; sur le plan politique, la mission est un succès*". Cette

---

[1] La demande de l'ONU émanait du DPKO (Département des Opérations de Maintien de la Paix), dirigé par M. Guéhenno. Celui-ci étant Français, les Allemands ont imaginé que la France avait fait pression sur lui pour qu'il demande à l'Allemagne d'intervenir. Cette hypothèse a justifié de nombreuses réticences à l'égard de cette mission et les Allemands éprouvent encore un fort ressentiment. Ils sont absolument convaincus d'avoir été manipulés par les Français, bien qu'ils se félicitent du succès de la mission.

opération réussie a peut-être mieux disposé les responsables Allemands à l'égard de la PESD[1].

Mais il faut également signaler que, de son côté, l'OTAN agaçait les Allemands. En effet, l'Allemagne est actuellement engagée dans le Nord de l'Afghanistan, et participe à des opérations de reconstruction (il est important de garder à l'esprit que ces missions d'assistance aux populations sont très importantes pour les Allemands). Mais les alliés Américains, Britanniques et Canadiens ont violemment critiqué l'Allemagne, l'accusant de manque de courage pour sa participation militaire. En effet, engagés dans de difficiles opérations de combat au sud du pays, les Anglo-Saxons aimeraient bien voir les Allemands s'engager à leurs côtés et risquer leurs vies. Cela s'est traduit par des diatribes agressives lors de la conférence parlementaire de l'OTAN en novembre 2006 (un député britannique déclarant : *"pendant que vous buvez des bières, nous ramenons nos cercueils à la maison"*) et par des pressions répétées lors du sommet de l'OTAN à Riga pour que l'Allemagne élargisse sa zone d'intervention et envoie des avions de reconnaissance *Tornado*. Si cette dernière demande a finalement été acceptée par Berlin (elle était d'ailleurs évoquée depuis des mois), le ministre allemand de la Défense, Franz-Joseph Jung, s'est catégoriquement opposé au déploiement de la NRF[2] en Afghanistan lors du sommet informel de l'OTAN à Séville (février 2007). L'opinion publique allemande étant majoritairement opposée à la mission en Afghanistan, les responsables politiques veulent éviter tout risque de contestation publique en cas de pertes allemandes sur le terrain (notamment dans le dangereux sud du pays) et évitent donc de s'engager dans les opérations de combat aux côtés des Anglo-Saxons. Mais il semble que l'attitude des responsables de l'OTAN commence à passablement agacer Berlin, qui estime

---

[1] On constate néanmoins aujourd'hui qu'après les bilans très positifs des premiers retours d'expérience, les Allemands tirent des conclusions de plus en plus négatives de leur intervention.
[2] La NRF, ou *NATO Response Force* est la force d'intervention rapide de l'OTAN.

que l'Allemagne fait assez en faveur de l'Alliance, et accepte de plus en plus mal les procès en passivité qui lui sont intentés.

Il existe donc un contexte favorable à la PESD et défavorable à l'OTAN dans l'esprit des responsables politiques allemands qui peut expliquer le nouveau discours tenu par Mme Merkel à la 43ᵉ conférence sur la sécurité de Munich (9 au 11 février 2007).

Son intervention fut moins atlantiste que celle de l'année précédente. Certes, elle considéra que "*le partenariat transatlantique en matière de sécurité et l'unification européenne sont les fondements de la politique de sécurité allemande*", mais elle exposa le concept de "*sécurité en réseau*" (*vernetzte Sicherheit*) présenté dans le Livre Blanc. Dans son esprit, il s'agit de la combinaison des ressources politiques, diplomatiques, militaires et civiles nécessaires à la gestion des crises. Et dans cette architecture de sécurité, l'OTAN n'est plus qu' "*un élément dans l'approche globale civilo-militaire des crises*". La Chancelière a d'ailleurs explicitement affirmé : "*je ne veux pas employer le mot d'OTAN civile*".

Concernant la PESD, la chancelière a estimé qu'elle était "*une réalité incontournable, bien que ce soit encore un jeune enfant*", et a plaidé pour que l'Europe affirme ses intérêts sur la scène internationale et parle d'une seule voix.

Ainsi, on peut ressentir une nette évolution dans l'approche de Mme Merkel. Elle accorde une place encore importante à la relation transatlantique, mais son opinion sur les missions qui doivent être dévolues à l'OTAN a sensiblement changé. Elle ne parle plus d'une "OTAN civile", et accepte la réalité du développement de la PESD. Bien qu'elle considère que c'est encore un "jeune enfant", elle ne conditionne plus son développement à une soumission à l'OTAN[1].

La Chancelière a même évoqué, dans une interview donnée à la *Bild* le 23 mars 2007, la création d'une armée européenne, dont on ne sait néanmoins pas très bien quels

---

[1] *Rede von Bundeskanzlerin Angela Merkel anlässlich der 43. Münchner Konferenz für Sicherheitspolitik*, 10 février 2007, disponible à www.bundeskanzlerin.de.

contours elle pourrait prendre (qui la dirigerait, comment serait-elle composée... ?)[1].

On observe ainsi quelques constantes dans le comportement des responsables politiques sur la question du développement de la PESD, notamment la question (centrale), des relations avec l'OTAN. Si le contexte actuel semble plutôt favorable à la PESD au sein des milieux politiques, il ne faudrait néanmoins pas croire qu'il soit en bloc défavorable à l'OTAN. L'Alliance reste un élément structurant de la politique de sécurité allemande.

Après les discours, il convient maintenant d'étudier en détails le rôle effectif de l'Allemagne dans la construction de la PESD.

A-2-b) L'action politique effective de l'Allemagne dans la promotion de la PESD

Comme nous l'avons vu, le thème majeur du discours politique en Allemagne sur la PESD concerne sa relation avec l'OTAN. Sur cette question, deux grandes écoles (schématiquement), se distinguent. La position que nous pourrions qualifier de "française" voit le développement de la PESD comme un moyen d'assurer à l'Europe une autonomie stratégique et d'en faire un contrepoids aux Etats-Unis. Au contraire, la position "britannique" voit le développement de la PESD comme un instrument de stabilisation des relations transatlantiques.

Face à ces deux positions, l'Allemagne se retrouvait dans une situation inconfortable, tenue à la fois par sa

---

[1] Il semblerait que cette déclaration ait été un moyen pour la Chancelière de montrer que la CDU ne perdait pas la main sur les questions de défense européenne. En effet, le SPD, emmené par quelques députés spécialistes des questions de défense, a initié une réflexion sur les contours de la PESD et sur son articulation avec l'OTAN, largement en avance sur les réflexions de la CDU. La Chancelière aurait ainsi voulu montrer que son parti était encore capable de propositions en la matière et ainsi modeler l'agenda des réflexions.

reconnaissance envers les Etats-Unis (et donc l'OTAN) et par sa relation spéciale avec la France.

Il n'est pas interdit de penser que cette position ambiguë est ce qui a écarté l'Allemagne de la déclaration franco-britannique de Saint-Malo, le 4 décembre 1998. Néanmoins, arrivant à point nommé, la présidence allemande du Conseil de l'Union européenne du premier semestre 1999 permit à Berlin de prendre en marche le train de la PESD et de montrer que celle-ci ne se construirait pas sans l'Allemagne. Et, effectivement, c'est la présidence allemande de l'UE qui dota la PESD d'un cadre institutionnel avec la création du COPS, du CMUE et de l'EMUE. Le gouvernement Schröder prit ensuite de lourds engagements dans la construction d'une force de réaction rapide européenne, décidée au sommet d'Helsinki en décembre 1999 : l'Allemagne passa commande de 73 avions A400M, donnant une viabilité économique au projet européen d'un avion de transport et s'engagea à fournir dix-huit mille soldats à la force de réaction rapide européenne.

L'Allemagne participa aussi au sommet de Tervuren (le fameux sommet "des chocolatiers") qui souhaitait donner à l'UE un instrument de planification stratégique autonome.

L'Allemagne adopta également une attitude positive à l'égard de la PESD lors des travaux de la Convention pour l'avenir de l'Europe et à la conférence intergouvernementale qui l'a suivie[1], soutenant les propositions d'extension du champ des missions de Petersberg, d'adjonction d'une clause de solidarité entre les Etats-membres, et de mise en place des coopérations structurées et de l'Agence Européenne de Défense.

Enfin, la présidence allemande de l'Union européenne avait comme objectif de tester les structures PESD existantes et leurs relations avec l'OTAN. Il s'agissait aussi de lancer une

---

[1] Vanda Knowles et Silke Thomson-Pottebohm: "The UK, Germany and ESDP: Developments at the Convention and the IGC", *German Politics*, vol. 13, n°4 (décembre 2004). Disponible à http://www.iiss.ee/files/7/IIS6008%20expansionPetersberg.pdf

mission PESD en Afghanistan et de développer les capacités de l'Union, notamment dans le domaine civil[1].

Ainsi, on pourrait conclure que l'Allemagne, sans être une force de proposition majeure dans les questions de PESD "joue le jeu" de la défense européenne. Alors, comment expliquer la réputation d'inconstance dont souffrent les Allemands ?

A-3) Expliquer le comportement de l'Allemagne : la difficulté des analyses théoriques classiques

A-3-a) L'analyse néo-réaliste : le "constrained balancing"

Dans un stimulant article, Dirk Peters a tenté de comprendre les déterminants des politiques étatiques dans la création et la promotion de la PESD[2]. Il émet l'hypothèse que les politiques des Etats-membres seraient enchâssées dans un mouvement de balancier qui consisterait à, d'un côté, chercher à équilibrer le pouvoir américain tel qu'il se déploie depuis la fin de la Guerre Froide et, de l'autre côté, rester dans le cadre contraignant des institutions de sécurité dans lesquelles les Etats-membres se sont engagés au cours de la Guerre Froide.

Dirk Peters tente donc de créer un cadre théorique capable d'appréhender les contraintes et incitations qui se posent à l'action des Etats et qui sont créées, selon lui, par deux éléments : la distribution internationale du pouvoir et les institutions de sécurité. Ainsi, l'action des Etats (et, en l'occurrence, de l'Allemagne) devrait être comprise comme la

---

[1] Thomas Zehetner, "The Role of the German Presidency in Promoting ESDP", *European Security Review*, n°32, mars 2007. Disponible à : http://www.isis-europe.org/pdf/2007_artrel_20_esr32germany.pdf

[2] Dirk Peters, "Constrained Balancing : the UK, Germany and ESDP", travail présenté lors de la dixième conférence biannuelle de l'*European Union Studies Association* à Montréal, du 17 au 19 mai 2007. Disponible à http://www.unc.edu/euce/eusa2007/papers/peters-d-06f.pdf

réponse à des contraintes et incitations venant de la distribution internationale du pouvoir d'un coté et d'institutions stabilisées et de traditions diplomatiques de l'autre.

Il adopte donc un point de vue néo-réaliste (en ce sens qu'il admet l'anarchie du système international) en l'amendant légèrement, puisqu'il admet le rôle de l'histoire et des institutions internationales comme interfaces de socialisation (dans une perspective institutionnaliste). Il considère en effet que l'existence d'institutions peut avoir un effet incitatif sur la politique des Etats : des institutions anciennes vont difficilement être rejetées par un Etat, qui va plutôt chercher à les adapter à la nouvelle donne internationale. Mais la base de son système reste majoritairement néo-réaliste, puisqu'il pense que le déterminant principal de l'action d'un Etat (y compris au sein d'une institution) va être la recherche de l'équilibre du pouvoir.

Ce n'est pas notre propos que de nous pencher en détails sur le cadre théorique dressé par Peters. Nous allons plutôt nous concentrer sur l'analyse qu'il fait de l'action de l'Allemagne suivant ce cadre.

Ainsi, la fin de la Guerre Froide aurait provoqué, chez les Etats-membres de l'UE, une forte incitation à contrebalancer l'émergence de la puissance unipolaire américaine. Néanmoins, leurs politiques de sécurité étaient contraintes par l'appartenance à différentes institutions de sécurité. Ces institutions pouvaient soit contredire les incitations venant de la distribution internationale du pouvoir (c'est-à-dire qu'elles liaient les Etats aux Etats-Unis) soit, au contraire, les renforcer (c'est-à-dire qu'elles étaient en faveur d'une politique de sécurité autonome).

Dans le cas de l'Allemagne, son soutien à la PESD proviendrait du fait que la fin de la Guerre Froide a provoqué une perte de puissance relative à l'égard des Etats-Unis, et que la PESD serait le meilleur moyen d'obtenir une hausse significative d'autonomie. En effet, la PESD, plutôt que de faire coopérer des puissances moyennes et une superpuissance éloignée (comme le fait l'OTAN), fait que l'Allemagne traiterait désormais avec des puissances équivalentes ou inférieures. Cet état de fait procurerait une autonomie largement supérieure.

De plus, l'institution qu'est l'axe franco-allemand[1] aurait créé en Allemagne des habitudes de coopération, qui feraient que, dès le début, les Allemands auraient soutenu l'initiative française d'une défense européenne.

Dans le débat public, la création d'une défense européenne aurait été tellement approuvée par la population que les responsables politiques n'auraient pas eu à faire face à de sérieuses oppositions à l'encontre de la création de capacités militaires autonomes pour l'UE.

Enfin, la PESD serait le meilleur moyen d'obtenir une autonomie à faible coût. Ceci expliquerait le support apporté par l'Allemagne à la création d'un quartier général européen, qui augmenterait l'autonomie de l'Europe par rapport aux Etats-Unis. Le fort lien franco-allemand aurait été la meilleure incitation pour l'Allemagne à s'engager dans cette voie.

Les arguments avancés par Peters sont séduisants, mais ne s'appliquent pas à la réalité du comportement allemand dans la construction de la PESD.

Peters parle du soutien allemand à la création d'un quartier général européen comme s'il s'agissait d'un acquis, car Gerhard Schröder en a pris l'engagement au sommet de Tervuren. Or, la pratique montre que l'administration allemande a été très réticente à l'encontre de la création de ce quartier général et que les négociations ont été difficiles.

Peters exagère également l'importance de l'axe franco-allemand dans la création de la PESD. Certes, au plus haut niveau politique, les chefs d'Etat et de gouvernement adoptent souvent un point de vue proche. Pourtant, sur la réalité du terrain, les rapports sont beaucoup plus difficiles, faisant même

---

[1] Il convient de rappeler que, pour les institutionnalistes, une "institution" n'est pas nécessairement une organisation internationale constituée. Il peut s'agir d'un "régime", c'est à dire un ensemble de pratique créant des liens entre les Etats. Ainsi, la relation spéciale américano-britannique est une institution, de même que l'axe franco-allemand.

dire à un officier français que *"l'axe franco-allemand n'existe pas"*[1].

Peters n'explique pas non plus pourquoi une décision prise à Berlin peut ne pas se retrouver mise en œuvre à Bruxelles, sans que les Allemands prétendent avoir changé de ligne, ou encore pourquoi les partenaires de l'Allemagne, en s'adressant à deux interlocuteurs différents, obtiennent souvent deux réponses différentes, mais qui sont censées toutes les deux refléter la position officielle de l'Allemagne.

C'est donc que l'analyse néo-réaliste du comportement allemand dans la construction de la PESD n'est pas suffisamment explicative.

A-3-b) L'analyse libérale : le rapprochement des positions et l'influence de la population

Selon l'approche libérale-institutionnaliste, développée par Vanda Knowles et Silke Thomson-Pottebohm dans l'analyse de la politique allemande à l'égard de la PESD, les rapports qu'entretiennent les pays entre eux dans le cadre des institutions contribuent à faire évoluer leurs positions[2].

Ainsi, les deux chercheurs bâtissent un modèle à deux axes représentant les clivages sur la défense européenne. Le premier clivage est celui opposant les atlantistes aux partisans d'une Europe autonome tandis que le second clivage oppose les défenseurs de structures intégrées aux tenants de l'intergouvernementalisme.

A partir de ce modèle, il est possible de placer les trois principaux pays européens, Grande-Bretagne, France et Allemagne, selon leurs positions au traité de Maastricht :

---

[1] Entretien avec un officier supérieur français, Bruxelles.
[2] Vanda Knowles et Silke Thomson-Pottebohm: "The UK, Germany and ESDP: Developments at the Convention and the IGC", *art. cit.*

```
                    ┌──────────────┐
                    │  Atlantistes │
                    └──────────────┘
                           ▲
              ┌─────┐    ┌─────┐
              │ GB  │    │ All │
              └─────┘    └─────┘
┌──────────────────┐              ┌──────────────┐
│ Intergouverne-   │◄────────────►│  Structures  │
│   mentalistes    │    ┌───┐     │   intégrées  │
└──────────────────┘    │ F │     └──────────────┘
                        └───┘
                           ▼
                  ┌────────────────────┐
                  │ Europe indépendante│
                  └────────────────────┘
```

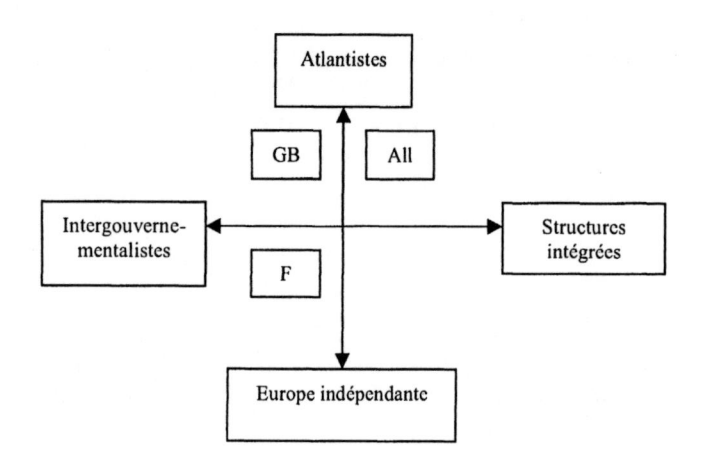

FIGURE 1 : axes de divergence sur la défense européenne au moment du traité de Maastricht

En analysant les travaux de la Convention pour l'avenir de l'Europe et de la conférence intergouvernementale qui l'a suivie, les deux chercheurs croient pouvoir déceler les fondamentaux de l'action allemande. Selon eux, l'Allemagne aurait comme objectif traditionnel la création d'une Europe intégrée et le maintien du lien transatlantique, ce qui justifie sa place sur le schéma.

Mais, les rapports réguliers avec les autres Etats institués par les structures PESD ont progressivement modifié sa perception, la faisant de plus en plus pencher vers la conception française d'une Europe indépendante, tout en gardant son attachement au supranationalisme.

Ce glissement nous donnerait le schéma suivant :

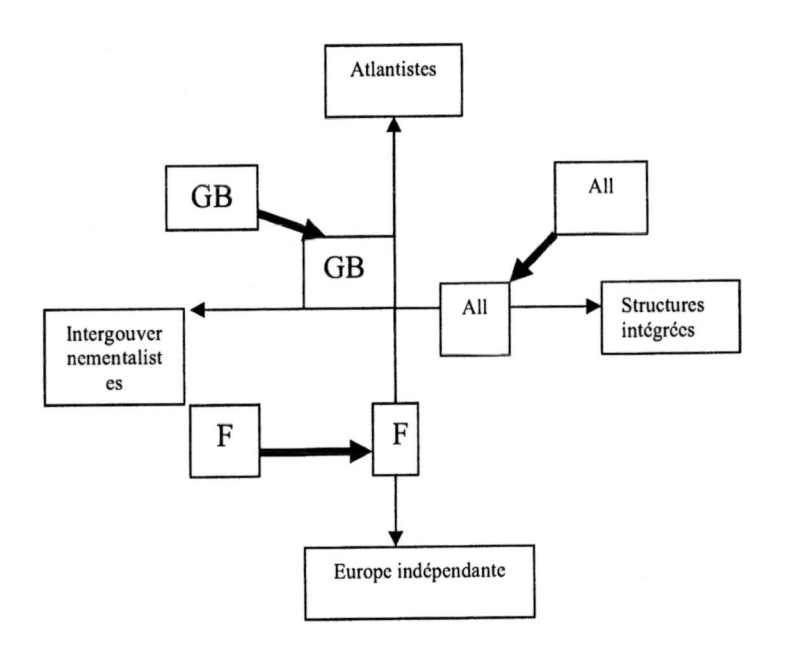

FIGURE 2 : axes de divergence après le débat sur la constitution européenne

Comme on peut le voir, la perspective institutionnaliste montre une certaine adaptabilité des Etats et une possibilité de souplesse sur les positions qu'ils tiennent à l'égard de la PESD, qui seraient dues à l'effet de socialisation des institutions internationales.

L'autre grande thèse libérale est que le soutien enthousiaste de la population à l'égard de la PESD aurait influencé les décideurs politiques. Selon une approche *bottom-up*, c'est la population allemande, majoritairement favorable à la PESD, qui influerait sur les décideurs politiques.

Malheureusement, cette thèse oublie elle aussi la réalité de la pratique quotidienne de la PESD dans les enceintes bruxelloises. S'il est probable que les institutions jouent un rôle de socialisation et tendent à faire se rapprocher les positions des différents acteurs, au moins à la marge (nous souscrivons à l'analyse libérale sur ce point), il est faux de considérer que, mécaniquement, les effets des institutions internationales vont faire se rapprocher les points de vue. L'approche libérale a tendance à idéaliser les accords sur la PESD et ce qu'elle considère comme un rapprochement des positions n'est bien souvent que le résultat d'un compromis, qui ne signifie absolument pas que les acteurs y ayant souscrit en soient absolument satisfaits.

De plus, il n'est pas possible de dire que c'est l'influence de la population qui a conduit les gouvernants allemands à participer à la PESD. Comme nous l'avons vu, cette décision a été prise au plus haut niveau de l'Etat. L'opinion allemande peut éventuellement exercer une influence sur l'administration, sur certains aspects de la PESD (par exemple les OPEX), mais la décision reste toujours du ressort du politique, mis en œuvre par l'administration.

Ainsi, les approches théoriques sont incapables d'expliquer correctement la participation et le rôle de l'Allemagne dans la construction de la PESD. Nous avançons donc que la meilleure explication possible peut nous être donnée par l'analyse du processus de *policy-making*, dans une perspective proche de celle de Graham Allison quand il expliquait la crise des missiles de Cuba[1].

Nous allons donc nous attacher à tenter de comprendre les logiques administratives mises en œuvre dans la construction des politiques publiques allemandes à l'égard de la PESD.

---

[1] Graham Allison, *Essence of Decision, Explaining the Cuban Missile Crisis*, op. cit.

B) L'analyse des conditions d'élaboration des politiques publiques allemandes en matière de PESD

Comme nous l'avons vu, il est très difficile d'expliquer de manière globale le comportement de l'Allemagne dans la construction de la PESD.

Nous émettons donc l'hypothèse que les conditions de production des politiques publiques dans le domaine jouent une grande influence sur la position de l'Allemagne. Ainsi, il n'y aurait pas une "vision allemande" de la PESD (au contraire de ce qui se passe en France, où les ambitions en matière de PESD sont partagées par les élites politiques, diplomatiques et militaires), mais une diversité de visions suivant les acteurs, chacun poursuivant ses propres objectifs.

Pour tester cette hypothèse, nous devons nous attacher à étudier, tout d'abord, le ministère allemand de la Défense selon deux angles différents. Tout d'abord, évoquer brièvement les spécificités de la *Bundeswehr*, une armée unique en Europe, puis nous focaliser sur l'organisation administrative du ministère.

Ensuite, nous pourrons étudier les rapports que les différents ministères entretiennent entre eux et tenterons de montrer que les "routines organisationnelles" jouent un rôle prépondérant dans la production des politiques publiques, notamment du fait de l'importance du principe de *Mitzeichnung*.

B-1) L'armée allemande et son ministère

B-1-a) La *Bundeswehr*, une armée unique en Europe

B-1-a-1) Une armée "otanienne"

Un des principaux traits de la *Bundeswehr* est que cette armée est complètement intégrée, notamment dans l'OTAN. Cela tient à la politique qui a été suivie par Adenauer et constitue même une obligation constitutionnelle. L'article 24 de la Loi fondamentale précise effectivement que la défense de la RFA ne peut être assurée que dans un système de sécurité collective.

De ce fait, en vertu de l'article V du traité de Washington, en cas de besoin de défense du territoire et de l'Alliance en Europe centrale, la planification pour les forces allemandes intégrées dans des structures multinationales est effectuée au sein des quartiers généraux compétents de l'Alliance. En cas d'engagement, ces forces seraient placées sous l'autorité de chefs appartenant à l'OTAN. Ainsi, il est très difficile de trouver des soldats allemands qui soient subordonnés à un pur commandement national.

Cette organisation a évidemment une influence sur la carrière des officiers. Les Français ont tendance à dire, parfois avec une pointe de mépris, que les Allemands sont des "otaniens". De fait, la carrière d'un officier allemand se fait à l'OTAN. Par exemple, l'Allemagne dispose de quatre postes de général d'armée. Sur ces quatre postes, un seul est spécifiquement allemand, le *Generalinspekteur* (CEMA), tandis que les trois autres postes sont des postes OTAN.

De ce fait, la carrière rêvée pour un officier allemand passe par un, voire plusieurs postes à l'OTAN, qui a pendant longtemps été le lieu où les militaires acquéraient la vision de niveau stratégique. Pour reprendre l'expression d'un officier français, *"l'OTAN, c'est leur outre-mer"*[1]. Un officier allemand

---

[1] Entretien avec un officier supérieur français.

en poste à Bruxelles et en charge des questions PESD nous racontait que lorsqu'il téléphonait à ses amis en leur expliquant qu'il était à Bruxelles, ceux-ci lui répondaient immédiatement :"*Ah ! Tu travailles à l'OTAN*". Il était alors obligé de les détromper en leur expliquant qu'il s'occupait des dossiers PESD à la représentation allemande auprès de l'UE[1]

Ainsi, la philosophie militaire, la doctrine et les plans d'engagement de la *Bundeswehr* sont des produits de l'Alliance. Les Allemands maîtrisent très bien les procédures OTAN, qui ont fait leurs preuves, et se méfient de tout ce qui sort du cadre habituel. Il faut donc les convaincre que la solution non-otanienne est parfois la meilleure, ce qui est loin d'être évident. C'est ce qui se passe quelquefois avec leurs homologues français, qui n'ont pas encore développé tous les réflexes "OTAN" et qui rencontrent un certain scepticisme de la part des Allemands quand ils proposent des solutions hors normes.

Il ne faut donc absolument pas sous-estimer cette relation à l'OTAN, qui est très complexe, d'autant plus que nombre de militaires ont à l'esprit le fait que, sans l'OTAN, la *Bundeswehr* n'existerait pas.

Néanmoins, l'état d'esprit en Allemagne est, progressivement, en train de changer. Si s'occuper des questions de PESD n'est pas encore aussi bénéfique pour la carrière d'un officier allemand que de travailler à l'OTAN, ce n'est plus neutre. L'expertise PESD commence à être reconnue en Allemagne et commence, doucement, à être un bonus pour une carrière (ce qui n'était pas du tout le cas au début).

De même, l'enseignement militaire supérieur a intégré dans son cursus des cours sur la PESD, ce qui est révélateur du changement des esprits. La *Füak* (*Führungsakademie der Bundeswehr*, équivalent du Collège Interarmées de Défense) a commencé des cours sur le sujet en 2004, tandis que la *BakS* (*Bundesakademie für Sicherheitspolitik*, équivalent de l'IHEDN) a rajouté ces questions à son cursus en 2005.

Les officiers formés et sensibilisés aux questions de PESD devraient ainsi obtenir des postes à responsabilité dans

---

[1] Entretien avec un officier supérieur allemand.

quelques années, en ayant acquis une connaissance de ces questions. Il commence à apparaître des profils spécifiquement PESD au sein des ministères, ce qui est révélateur de la répartition en cours entre PESD et OTAN.

Il existe donc au sein de l'armée allemande un climat nouveau concernant la PESD, qui cesse progressivement d'être vue comme une lubie de Français et commence à conquérir ses lettres de noblesse. Les premières opérations réussies de la PESD y sont certainement pour quelque chose.

B-1-a-2) Une armée toujours centrée sur la défense du territoire

Pendant longtemps, la *Bundeswehr* devait être l'armée européenne capable de soutenir un combat de haute intensité dans les plaines d'Europe centrale face à une hypothétique attaque des forces du pacte de Varsovie. Ceci a eu plusieurs conséquences sur l'organisation de l'armée, notamment une présence extrêmement forte des forces blindées. Le type de combat idéalisé par le militaire allemand est plutôt le combat blindé mécanisé en centre-europe. Autant dire que l'armée allemande n'était donc pas une armée facilement "projetable" et adaptée aux crises actuelles, plutôt caractérisées par des conflits de basse à moyenne intensité.

Pour faire face à cette situation, une vaste réforme de la *Bundeswehr* et particulièrement de la *Heer* (l'armée de terre), appelée *Transformation*, a été entreprise par le ministre de la Défense Peter Struck en 2003.

La principale caractéristique de la *Transformation* est la recherche de la rationalisation des effectifs, afin d'être en accord avec les restrictions budgétaires. En premier lieu, cela passe par une diminution d'effectifs militaires et civils. Cette diminution conduit tout naturellement à une réorganisation complète des structures de l'armée de terre et donc à une fermeture de garnisons. Enfin, de manière collatérale, ces mesures conduisent à une diminution importante de matériel, à une rationalisation du soutien et à l'arrivée de nouveaux équipements adaptés aux nouvelles missions.

La *Bundeswehr*, et donc l'armée de terre, sont réorganisées en trois catégories afin de faire face aux nouvelles missions :
- **les forces d'interventions** (35 000 hommes dont 20 500 de l'armée de terre) pourront prendre part aux conflits de haute intensité, dans le contexte d'une guerre infocentrée. Elles comprennent les forces spéciales et une division blindée mécanisée.
- **les forces de stabilisation** (70 000 hommes, dont 36 500 de l'armée de terre) sont à vocation plus statiques. Elles sont destinées à constituer l'ossature des missions de paix, qui formeront probablement la majorité des missions confiées à l'Allemagne dans le futur. Elles doivent également être capables de participer aux opérations de guerre infocentrée et aux actions de combat interarmées de moyenne et basse intensité.
- **les forces de soutien** (97 500 hommes, dont 29 150 de l'armée de terre). Elles sont chargées de soutenir les forces d'intervention et de stabilisation dans tous les spectres d'intensité des missions. Elles comprennent donc les grands états-majors qui n'ont pas vocation à la projection, les écoles ou les transmissions d'infrastructures.

Le passage d'une armée centrée sur la défense territoriale à une armée projetable nécessite certains ajustements.

En premier lieu, des réductions importantes d'effectifs sont en cours. Ainsi, de 400.000 hommes en 1990, la *Heer* devrait passer à 105.000 en 2010.

Cette réduction du nombre de personnel s'accompagne d'une réduction du nombre des unités. Entre 2005 et 2010, la *Heer* passera de 118 à 69 bataillons, de 22 à 12 brigades et de 8 à 5 divisions. Des cinq divisions restantes, seule la 1e division mécanisée sera capable de mener un combat de haute intensité et appartient aux "forces d'intervention".

De même, une forte diminution des véhicules de combat de tous types est en cours. Par exemple, les chars de combat passeront de 2500 à 350 entre 2000 et 2010, les VTT chenillés passeront de 2100 à 410 et l'artillerie sol-sol se limitera à 120 canons de 155mm.

Ces réformes (qui sont en cours dans toutes les armées occidentales, mais à des échelles moindres) ont pour but de transformer la *Bundeswehr* en une armée projetable et capable d'agir efficacement au sein d'une coalition multinationale.

Mais il n'en reste pas moins que la culture militaire allemande est rétive au déploiement de la force, en particulier aux déploiements à l'étranger. Il suffit de voir les réactions qui ont entouré l'annonce de la participation de l'Allemagne à la mission Eufor/RD Congo ou autour du déploiement de la mission de l'UE au Darfour. Certains commentateurs n'hésitaient pas à prévoir les pires malheurs si l'armée se déployait en Afrique, terrain auquel elle n'était pas habituée.

Un officier français nous racontait que les soldats allemands, à peine déployés, ont exigé d'avoir des tentes climatisées et un accès à Internet pour communiquer avec leurs familles et ont attendu l'arrivée du matériel pour commencer à s'installer, alors que les Français et les Espagnols étaient déjà en train de préparer le campement[1].

Attention, nous ne sommes pas en train de dire que les militaires allemands sont plus "tendres" ou moins bien formés que d'autres. Au contraire, les Allemands sont très appréciés dans les unités multinationales pour leur professionnalisme et leur organisation. Il s'agit simplement de souligner que la

---

[1] Comme nous l'avons déjà souligné, il serait faux de croire que les Allemands, une fois "l'habitude" des OPEX prise, réagiront nécessairement comme les Français. Les Allemands se méfient beaucoup de la manière dont les Français envoient leurs troupes en OPEX, qu'ils considèrent comme de l'amateurisme. En effet, pour les Allemands (et cela tient à une longue tradition militaire), la qualité principale du professionnalisme militaire est la planification. Ils ont donc tendance à considérer les OPEX françaises comme aventureuses et irresponsables, car totalement contraires à leur propre définition du professionnalisme.

culture militaire des troupes allemandes ne les prédispose pas facilement à participer à une OPEX. Cette différence de culture militaire peut expliquer que les Allemands seront peut-être plus rétifs que les Français ou les Britanniques à s'engager dans une mission PESD.

B-1-a-3) L'armée la plus démocratique du monde

Un vieux proverbe allemand dit : "*Un bon soldat ne doit penser qu'à trois choses : au roi, à Dieu et à rien*". Or, pour des raisons historiques évidentes, l'armée allemande a été contrainte de créer un nouveau modèle d'intégration de ses soldats au sein de la société civile. Le premier principe qui est enseigné est donc celui de l'*Innere Führung*, que l'on peut traduire, très improprement, par "direction intérieure". Il s'agit d'un concept purement ouest-allemand, qui est en fait un processus continu d'adaptation de la *Bundeswehr* à la société allemande. Le principe est que toute la vie militaire ne doit être organisée que sur des bases démocratiques. L'*Innere Führung* imprègne donc tous les aspects de la vie du soldat, dans les unités et en état-major, à la caserne et sur le terrain, dans les relations entre supérieur et subordonné et entre soldats de même grade. Cette formation morale et civique possède une école, située à Coblence dont le corps professoral est essentiellement constitué de civils.

Ainsi, le soldat allemand possède, du fait de cette formation, des caractéristiques spécifiques. On lui apprend d'abord à ne pas hésiter à exprimer ses idées et, en contrepartie, toute décision doit être expliquée. Ensuite, il possède une culture générale vaste sur de nombreux sujets, puisque le nombre de séminaires organisés à son profit (sur des thèmes tels que la citoyenneté, l'Europe, la démocratie, la responsabilité…) au sein des unités est impressionnant.

De plus, l'armée allemande possède un souci de l'homme qui peut aller très loin, particulièrement en OPEX. Le règlement n'est pas un vain mot, ce qui peut entraîner parfois un manque de souplesse. Mais il faut se rappeler que, pour les Allemands, l'application stricte du règlement dans les armées est un garant de démocratie et évite le retour de "l'Etat dans l'Etat".

Tous ces éléments peuvent prédisposer les Allemands à une réticence à l'égard des OPEX[1].

B-1-b) L'organisation spécifique du ministère de la défense

<u>B-1-b-1) Un ministre en prise directe avec la haute hiérarchie militaire</u>

Il faut relever que le poste de ministre de la défense est considéré comme étant "à risque", du fait de la place particulière de l'armée dans la société allemande. Les ministres de la Défense peuvent être tentés, pour éviter un suicide politique, de se comporter en simples gestionnaires.

Néanmoins, il convient de souligner que l'administration centrale du ministère de la Défense est caractérisée par une organisation très éclatée qui favorise la fonction "analyse" et réserve la fonction "synthèse" au seul pouvoir politique. La personne du ministre réunit également les fonctions d'administration et les fonctions d'opérations. Ainsi, pour faire une comparaison avec la France, le ministre allemand cumule les fonctions du Président de la République et du Chef d'Etat-Major des Armées sur le plan opérationnel et les fonctions du ministre de la Défense sur le plan organique.

De plus, les Allemands n'ont pas la notion de cabinet ministériel à la française. Les instances dirigeantes du *BMVg* se composent du ministre, de ses deux secrétaires d'Etat, du *Generalinspekteur* (CEMA) et son état-major ainsi que des généraux chefs d'état-major des trois armées et leurs états-majors.

Il n'existe pas comme en France de cabinet ministériel qui confisque les pouvoirs des directeurs d'administration

---

[1] Jean-Luc Marret, "Les Actions Civilo-Militaires Allemandes, entre Inhibition et Humanitarisme ?", *Notes de la Fondation pour la Recherche Stratégique*, 12 février 2007, disponible à www.frs.org.

centrale. Le "cabinet" allemand est une sorte de grand secrétariat. Ainsi, le ministre est en prise directe avec ses grands subordonnés.

Dans cette organisation très éclatée, chaque état-major ou département ministériel est responsable directement vis-à-vis du ministre de son domaine de compétence.

Il convient ici de mentionner les deux organes "spécialisés" au niveau politico-militaire. Il s'agit du *Planungsstab* et de la "FüS III". On pourrait dire que le rôle du *Planungsstab* est à mi-chemin de ceux du cabinet du ministre et de la Délégation aux Affaires Stratégiques en France. Il n'est pas relié à la structure administrative et s'adresse directement au ministre.

De son côté, la "FüS III" est l'organe d'analyse politico-militaire, qu'on peut rapprocher de l'Etat-Major des Armées en France et dont les attributions peuvent rentrer en concurrence avec celles du *Planungsstab*. Du fait d'un partage des compétences assez flou, il existe une concurrence entre les deux institutions. Néanmoins, dans les faits, le *Planungsstab* dispose du pouvoir d'annuler un papier d'option de la "FüS III" et possède donc un avantage.

Il faut aussi noter que le faible nombre de généraux allemands (il n'existe que 25 postes de généraux de division contre trois fois plus en France) conduit ceux-ci à développer un sentiment d'appartenance à une élite. Il est incontestable que des liens privilégiés se tissent entre eux. Contrairement à la France, les interviews à la presse ou à la télévision des généraux allemands sont monnaie courante et sont considérées comme normales. Il existe donc une forte liberté de parole, mais qui ne va pas (à notre connaissance) jusqu'à la contestation officielle de la politique suivie par le ministère. Néanmoins, nous émettons l'hypothèse que le système d'*Innere Führung* et la culture d'état-major allemande (voir *infra*.) poussent à la franchise. Ainsi, nous avons tendance à penser que les militaires de haut rang en Allemagne n'hésitent pas à dire ouvertement leur opinion à leurs dirigeants politiques. Ceci est renforcé par une franche décontraction dans les rapports entre militaires et politiques en Allemagne. Un général n'hésitera pas avant de téléphoner à son ministre, puisque celui-ci est en prise directe avec la haute hiérarchie militaire[1].

Il y a donc une influence informelle des militaires sur la politique du ministère.

B-1-b-2) Un personnage-clef : l'officier d'état-major

Le profil de l'officier d'état-major allemand est celui d'un militaire plutôt jeune, avec de grosses responsabilités. La sélection des officiers qui seront brevetés se fait en effet très tôt : à partir du grade de capitaine, vers 30 ans. Le cursus à la *Füak* de Hambourg dure deux ans et est orienté vers la culture de commandement, tout en prenant en compte les thèmes de politique et de société[2]. Le fait d'obtenir son brevet d'état-major crée une forte différence dans le corps des officiers. Celui-ci est clairement partagé entre les "iG" (*in Generalstabsdienst*, c'est-à-dire les officiers brevetés) et ceux qui ne le sont pas, qu'on appelle encore les "*Truppenoffiziere*" (officiers de la troupe).

Les "iG" forment une infime minorité et bénéficient d'un avancement beaucoup plus rapide, ainsi que des postes les plus intéressants. Il faut aussi constater qu'en Allemagne, la fonction prime le grade, c'est-à-dire qu'un "iG" pourra donner des ordres à un officier de grade supérieur, mais non breveté. Concrètement, dans une réunion, quand un jeune commandant breveté donne son point de vue, les lieutenants-colonels plus

---

[1] Prenons simplement deux exemples qui nous ont été relatés. Au milieu des années 1990, après une visite officielle au Corps Européen, le ministre Volker Rühe et le général allemand commandant le Corps, le général Willmann, sont allés ensemble prendre un verre de façon informelle dans un café de Strasbourg. Une telle démarche serait impossible en France. De même, lors du dixième anniversaire de la Brigade Franco-Allemande, son hélicoptère étant tombé en panne, Rudolf Scharping est resté deux heures à bavarder et à boire avec les militaires présents.

[2] Lors de la conception des programmes d'enseignement de la *Füak* en 1959, le président de la RFA, Theodor Heuss, eut ce cri du cœur : "*Werden Sie keine Bloß-Spezialisten*" : "*qu'ils ne deviennent pas des p... de spécialistes*". La crainte était la réapparition de technocrates en uniforme.

anciens mais non brevetés acquiescent. Ils considèrent en effet que l'officier breveté possède les qualifications et les compétences nécessaires.

Il faut donc prendre en compte l'influence des habitudes administratives dans les positions que développent les Allemands. Etudions maintenant le cas spécifique de la prise de décision en matière de PESD.

B-2) Le manque de clarté de la position allemande sur la PESD tient au processus de prise de décision

B-2-a) L'importance de la culture administrative allemande

Il faut maintenant évoquer une spécificité purement allemande dans le traitement des dossiers : **le rédacteur allemand (militaire comme diplomate) est propriétaire de son dossier.** Cette remarque a l'air anodine, mais elle conditionne toute la logique administrative allemande dans le domaine politico-militaire. Ainsi, le rédacteur est responsable de son dossier directement devant le ministre, alors qu'en France, il n'en serait responsable que devant son chef de bureau ou, au maximum, devant un sous-chef d'état-major. Un Allemand possède des directives extrêmement claires et, ensuite, il émet une position directement sur le dossier qu'il traite : il a une délégation de signature que les Français n'ont pas. Le rédacteur allemand est donc habitué à une large autonomie dans le traitement de ses dossiers.

Comme il est propriétaire de ses dossiers, tant qu'il ne donnera pas son accord sur un point qui relève de sa compétence, une décision ne pourra pas être entérinée. Chaque rédacteur dispose ainsi d'une grande liberté. Concrètement, un général pourra se plier à l'idée d'un commandant. Le rédacteur dispose en effet d'une fonction essentielle de conseil vis-à-vis du supérieur. En retour, celui-ci doit l'écouter et ne pas écarter son opinion par principe. Il n'est pas tenu de se ranger à son avis, mais a le devoir moral ou intellectuel de l'écouter.

De plus, pour qu'une décision soit prise, il faut que tous les ministères techniques concernés soient d'accord. Concrètement, cela signifie qu'une décision en matière d'opération civile au sein de la PESD ne peut pas être prise tant que le ministère de la Défense, le ministère des Affaires étrangères, le ministère de l'Intérieur, le ministère des Finances voire le ministère de la Coopération n'ont pas donné leur accord. C'est le principe de la *Mitzeichnung* (co-signature) qui fonctionne sur une circulation horizontale maximale de l'information. Concrètement, toutes les positions doivent être cosignées par les rédacteurs des différents ministères concernés. Evidemment, ce système peut être assez lourd et pousse le rédacteur allemand à faire preuve de peu d'originalité dans le traitement de ses dossiers. Selon un officier français interrogé, le système allemand fonctionne comme une "cage dorée". Chacun dispose d'une grande liberté mais, comme il sait qu'il sera obligé de s'accorder avec ses collègues des différents ministères pour faire adopter une position, il évite toute percée conceptuelle et reste dans un cadre traditionnel. Le rédacteur allemand est donc très "conservateur", ou, du moins, ne s'autorise pas d'innovations intellectuelles dans le traitement de ses dossiers. Ainsi, le système allemand scléroserait la pensée et rendrait impossible l'émergence de nouveaux concepts. Ceci expliquerait pourquoi l'Allemagne est une des nations qui présente le moins de "non-papiers" lors des réunions à Bruxelles.

B-2-b) Les structures chargées de la PESD : une organisation éclatée et concurrentielle

Il existe un ensemble de structures en charge de la PESD dans l'administration allemande.

Au ministère de la Défense, la FüS III est en charge des aspects politico-militaires. En son sein, c'est la division 4 qui est spécifiquement en charge de la PESD (on parlera ainsi de FüS III/4). C'est généralement elle qui envoie les directives à Bruxelles, au CMUE (quand celui-ci reçoit une demande d'avis militaire de la part du COPS). Elle travaille en coordination avec le *Referat* (bureau) 202 de l'*Auswärtiges Amt*, qui envoie les instructions au COPS. Selon le principe de *Mitzeichnung*, une instruction au COPS ne peut pas être envoyée si la FüS III/4 n'a pas donné son accord, et, réciproquement, la FüS III/4 ne peut envoyer une instruction au CMUE sans l'accord du *Referat* 202.

On perçoit donc le grand besoin de coordination que ce système suppose et comment il peut scléroser toute initiative personnelle. Les Allemands, selon le principe de *Berechenbarkeit* (prédictibilité, fiabilité), tiennent par-dessus tout à ce que les instructions au COPS et au CMUE soient les mêmes.

De plus, la procédure évoquée ci-dessus ne concerne que les aspects militaires de la PESD. Dans le cas des aspects civils, il faut aussi associer les rédacteurs du ministère de l'Intérieur, du ministère de la Justice voire du ministère des finances et du ministère de la coopération.

Le *Planungsstab*, qui n'envoie pas d'instruction, joue néanmoins un rôle déterminant puisqu'il émet des papiers d'option à destination du ministre, qui peut ensuite faire répercuter ses instructions à la FüS III/4.

Outre les deux ministères évoqués, la Chancellerie dispose de sa propre expertise avec la division 202. Eventuellement, celle-ci peut donner des ordres aux ministères, que ceux-ci se chargeront ensuite d'appliquer.

Comme on le voit, il existe un véritable éclatement des compétences qui fait que chaque ministère et chaque division, en fonction des convictions personnelles du rédacteur, va développer sa propre expertise sur les questions de PESD, mais les opinions seront ensuite lissées du fait du principe de *Mitzeichnung*. Il est donc tout à fait impossible de parler d'**une** vision allemande de la PESD. Il faut plutôt évoquer un cadre assez large, dans lequel les opinions individuelles se confrontent, avant d'être uniformisées dans une position consensuelle.

Pour résoudre cette situation, il faudrait créer une structure de coordination des différentes administrations.

Deux solutions sont possibles :
- faire du Conseil Fédéral de Sécurité (*Bundessicherheitsrat,* BSR) une instance réellement axée sur la réflexion stratégique, et non pas, comme c'est le cas actuellement, principalement centrée sur les exportations d'armement.
- créer un poste de ministre des affaires européennes, qui disposerait, grâce à une équipe adaptée, de la tâche de coordination et de définition de la stratégie allemande qui fait défaut actuellement.

Il reste à évoquer maintenant les situations de rivalité entre les différentes instances. Au sein même du ministère de la Défense, la communication entre le *Planungsstab* et la FüS III/4 est extrêmement mauvaise[1], alors qu'ils se situent à simplement un étage d'écart. Il existe aussi une différence de perception entre les rédacteurs du *Planungsstab*, considérés comme plus proches des positions françaises (ils coopèrent d'ailleurs régulièrement avec la Délégation aux Affaires Stratégiques pour la rédaction de papiers communs), et les rédacteurs de la FüS III/4, composés de militaires majoritairement plutôt atlantistes.

Il existe de plus une concurrence latente entre le ministère allemand des Affaires étrangères et le ministère de la Défense. Le premier serait plus favorable à l'intégration européenne, et le second plus atlantiste (étant composé de militaires ayant majoritairement fait leur carrière à l'OTAN). Bien sûr, il convient de ne pas caricaturer ces deux positions, mais les différences de cursus jouent un rôle dans la perception des rédacteurs. On comprend alors que le consensus nécessaire à une décision fait que la position de l'Allemagne concernant la PESD puisse être peu lisible ou, en tous cas, apparaisse comme ambiguë et variable. En effet, elle se déplace, au gré des rapports de force entre les ministères, au sein d'un cadre assez

---

[1] Entretien.

large (voir *infra*.) et les consignes données à Bruxelles un jour ne seront pas forcément celles du lendemain selon la coordination qui aura jouée à Berlin.

Nous avons ainsi montré qu'un même représentant allemand à Bruxelles peut tenir, à quelques jours d'intervalles, deux positions parfois assez éloignées l'une de l'autre, puisqu'il peut recevoir des consignes fluctuantes.

Mais cela n'explique pas pourquoi ce même représentant va aller à l'encontre des consignes qu'il a reçues de sa capitale, à la grande surprise de ses partenaires. Un officier français nous racontait que, lors d'une réunion du GPM (Groupe Politico-Militaire), il s'attendait à trouver le soutien de son homologue allemand, puisque Paris et Berlin s'étaient accordés sur la position à tenir. Quelle ne fut pas sa surprise de voir son homologue tenir une position divergente de la sienne ! Une fois la réunion terminée, il téléphona à Paris, qui prévint Berlin. Et, cette fois, ce fut au tour des rédacteurs allemands d'être surpris de la position tenue par leur représentant à Bruxelles.

Cette anecdote est révélatrice d'une autre caractéristique du système allemand : le responsable dispose d'une large autonomie. Et, dans un cas tel que celui-ci, plutôt que de sanctionner le fonctionnaire (ce qui se passerait en France), c'est plutôt tout le système allemand qui va s'adapter et "couvrir" son représentant. Il ne s'agit pas de mauvaise foi de la part des Allemands. Mais comme ils considèrent que le responsable est celui qui a la meilleure appréciation de la situation et, tant qu'il reste dans le cadre général assez large que nous avons évoqué, il ne sera pas sanctionné. Evidemment, cette situation est extrêmement désagréable pour les partenaires de l'Allemagne.

Néanmoins, il ne faudrait pas croire qu'un seul représentant peut influer à lui tout seul sur toute la politique allemande à l'égard de la PESD. Le cas susmentionné est exceptionnel et lié à une personnalité particulière. Mais il est révélateur de la faculté d'adaptation du système administratif allemand qui suscite bien des interrogations de la part des partenaires de l'Allemagne.

Ainsi, s'il est impossible de parler d'une seule conception allemande de la PESD, il devient capital de comprendre les conditions de production de la politique publique allemande. Il n'existe pas en Allemagne de vision partagée par les élites quand au devenir de la PESD, mais un cadre assez lâche qui permet de lisser les positions des différents rédacteurs et au sein duquel évolue la position allemande. Il nous reste maintenant à tenter de délimiter les bordures de ce cadre.

B-3) Quelles évolutions possibles de la position allemande ?

Se livrer à l'exercice de la prospective est toujours délicat, surtout dans le cas présent où une politique est déterminée par les convictions personnelles des individus, sur lesquelles nous ne saurions nous prononcer.

Cependant, il nous semble possible de tracer les lignes directrices du cadre dans lequel évolue la position allemande, avant d'étudier les modalités de coopération avec les différents acteurs.

B-3-a) Le cadre général de la politique allemande dans le développement de la PESD

B-3-a-1) Les rapports avec l'OTAN

Il s'agit de la question principale. Les Allemands sont, en effet, généralement perçus comme étant "atlantistes". Il ressort de nos entretiens trois attitudes principales partagées par les hommes politiques, les militaires et les diplomates.

> ➢ **Les partisans de la subordination de la PESD à l'OTAN.** Selon cette attitude, majoritairement observée chez des militaires, la PESD n'a pas et n'aura jamais les moyens

militaires de l'OTAN. Le développement de l'OTAN doit la conduire à devenir la principale fournisseuse de sécurité du monde occidental et en cas de crise, si l'OTAN ne souhaite pas intervenir, l'Europe peut éventuellement se charger d'une mission autonome. Les partisans de cette vision perçoivent généralement une communauté de vues et de valeurs entre les Etats-Unis et l'Europe. Les tenants de cette vision ne sont pas majoritaires comme on a tendance à le croire, mais, du fait des spécificités du système administratif, ils influencent les décisions allemandes dans un sens assez éloigné de ce que souhaiteraient les Français, qui ont donc tendance à imaginer leur nombre réel beaucoup plus important que ce qu'il n'est.

➢ **Les "pragmatiques"**. Ils constituent la majorité et conçoivent les rapports entre l'OTAN et la PESD comme une répartition des tâches. Ils envisagent parfaitement que l'Europe puisse avoir des intérêts stratégiques différents de ceux des Etats-Unis et qu'elle doive, en conséquence, se doter de moyens d'action autonomes. Mais ils pensent que, en cas d'intérêts partagés entre les deux rives de l'atlantique, l'OTAN est l'instance la plus légitime pour agir, d'autant qu'elle constitue un forum de discussion politique transatlantique irremplaçable. Ils constatent que la coopération entre les deux instances fonctionne bien sur le terrain (Kosovo, Afghanistan...), mais que la coopération politique ne fonctionne pas. Ils espèrent pouvoir trouver des solutions pour qu'un dialogue politique s'installe entre les deux organisations (par exemple des rencontres entre le NAC[1] et le COPS). Ils pensent que le développement de la PESD doit ajouter une valeur ajoutée à la politique de défense de l'UE **et** de l'OTAN. Ils sont également pragmatiques au sens où ils se méfient des "doublons" entre l'UE et l'OTAN. Selon eux, ce qui marche à l'OTAN et peut être utilisé par l'UE n'a pas à être dupliqué. Ils n'ont pas d'idéologie en matière de PESD. Ils veulent trouver des solutions pragmatiques aux défis de sécurité du monde contemporain et ont souvent besoin d'être convaincus du bien-fondé de nouvelles propositions.

➢ **Les défenseurs de la PESD.** Ils sont de fervents défenseurs de la PESD et sont mus par de solides convictions européennes. Ils sont généralement plutôt fédéralistes et envisagent tout à fait une armée européenne dans une perspective d'une cinquantaine d'années. Ils se rencontrent principalement chez les responsables politiques et constituent une forte minorité.

B-3-a-2) Une PESD plutôt militaire ou civile ?

Il s'agit du deuxième clivage principal que nous avons identifié et qui structure les comportements des Allemands. Les idées allemandes en la matière naviguent entre deux positions extrêmes, que nous caricaturons volontairement, puisqu'elles ne se retrouvent jamais à l'état "pur", mais on rencontre toujours un mélange des deux dimensions avec la prédominance de l'une ou de l'autre.

La première position consisterait à développer au maximum le côté "civil" des missions PESD. En étant

---

[1] Le NAC, ou *NATO Atlantic Council* est l'instance politique de l'OTAN.

outrancier, ce serait à l'OTAN de combattre tandis que la PESD s'occuperait du côté civil des opérations (mission de police, d'aide à la population, de construction de la justice...). Ce côté "civil" des missions arrange les Allemands, qui sont toujours confrontés à une opinion publique hostile aux OPEX (comme nous l'avons relevé) et que l'organisation de la *Bundeswehr* ne les rend pas aisées.

La deuxième position consisterait au contraire à faire de l'Europe une véritable puissance militaire qui, sans oublier le côté civil, assumerait tout à fait des missions de combat, y compris si les moyens le permettent, des combats de haute intensité.

Ainsi, il devient possible de représenter la variation des comportements allemands selon deux axes : un axe graduant la place accordée à l'OTAN et un axe représentant le degré de "militarisation" qui doit être donné à l'UE.

Nous avançons que ces deux axes permettent une bonne compréhension des différences de perception des acteurs allemands quand au rôle à donner à la PESD. Il est possible d'évaluer la position d'un responsable allemand sur la PESD en le situant sur ce schéma et les variations possibles sur ces deux axes expliquent que le processus de *Mitzeichnung* lisse les comportements.

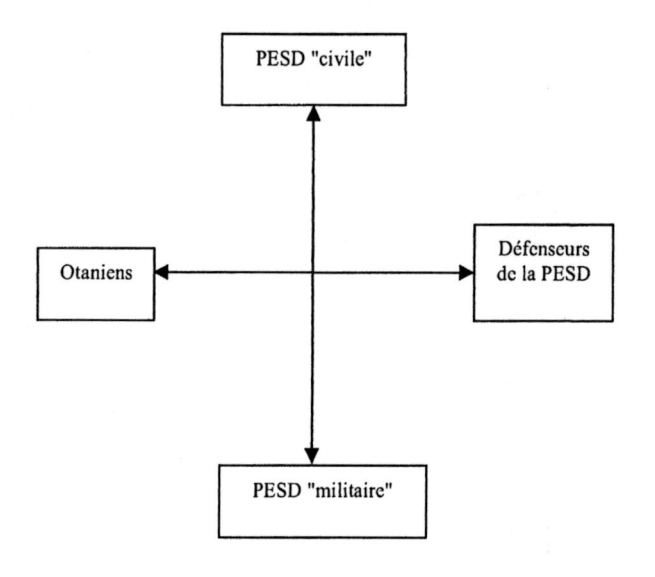

FIGURE 3 : axes de classification des perceptions allemandes de la PESD

B-3-a-3) Revendications allemandes et défis futurs

Pour que notre exposé soit complet, nous devons évoquer quelques revendications de l'Allemagne dans le domaine de la PESD ainsi que deux défis auxquels elle risque d'être confrontée.

Tout d'abord, les Allemands (ces opinions sont partagées par tous les acteurs que nous avons rencontrés) estiment que leur poids dans le développement de la PESD n'est pas assez important eu égard aux 23,3% qu'ils fournissent du budget européen. Ils réclament donc régulièrement soit plus de responsabilités, soit une réduction de leur participation. Ils ont aussi peur de se faire entraîner contre leur gré dans une opération qui ne correspondrait pas à leurs intérêts.

De plus, ils se trouvent sous-représentés auprès des structures du secrétariat général du Conseil et particulièrement auprès du Secrétaire Général/Haut Représentant pour la PESC et apprécieraient une plus grande représentation.

Il ne s'agit pas de juger de la validité de ces réclamations mais de noter que ce sont des revendications permanentes de l'Allemagne.

Du côté des défis, il faut évoquer les craintes de l'industrie de défense allemande dans la constitution en cours de champions européens dans le domaine des industries d'armement et dans la création de l'Agence Européenne de Défense. Deux questions se posent de manière pressante à cette industrie. Tout d'abord, est-ce que le consortium naval *Thyssen-Krupp Marinesystems* sera assez puissant pour résister à son grand rival français né de la fusion entre le département naval de Thalès et DCN ? Ensuite, les trois grands industriels producteurs de systèmes de combat terrestres *Rheinmetalle Landsysteme*, *Krauss-Maffei Wegmann* et *Diehl* pourront-ils s'opposer à une OPA hostile émise par un acheteur étranger ? La réponse à ces deux questions se trouve dans la volonté (ou non) du gouvernement fédéral de créer un grand champion national et une industrie de défense consolidée par la fusion de ses principaux acteurs.

Nous devons enfin rappeler que les Allemands ont des difficultés à financer les opérations PESD mixtes civilo-militaires, du fait de règles budgétaires assez contraignantes[1]. Ces difficultés administratives jouent certainement un rôle dans les résistances allemandes à l'encontre des missions PESD.

---

[1] Entretien. Nous ne détaillons pas ce point par souci de discrétion.

B-3-b) Comment coopérer avec les Allemands ?

Suite à ce que nous avons vu, la question des modalités de coopération avec les Allemands se pose légitimement. Nous allons donc tenter sommairement de proposer deux modalités de coopération.

Tout d'abord, il faut être conscient que les Allemands ne souscriront qu'exceptionnellement à une position qui les ferait aller au conflit ouvert soit avec les Britanniques, soit avec les Français. Comme nous l'avons déjà relevé, ils se perçoivent comme des médiateurs entre les deux nations.

Partant de là, il faut comprendre la nature du système administratif allemand, qui a besoin de temps pour s'adapter. En ce sens, les Allemands apprécieraient d'être mis très en amont d'une initiative française ou britannique. Ils détestent être mis devant le fait accompli et devoir établir une position dans l'urgence, ce que la lenteur de leur système administratif leur interdit quasiment.

Le meilleur exemple que nous pouvons donner est celui du sommet de Tervuren, où Gerhard Schröder a pris des engagements (notamment concernant la capacité de planification autonome de l'UE) auxquels l'administration était majoritairement opposée. Toute une stratégie de mise en place de freins à cette initiative s'est développée, car l'administration a eu le sentiment que Gerhard Schröder s'était fait piéger par Jacques Chirac. Comme nous le confiait un officier français : "*Les Allemands rougissent de honte auprès des Britanniques pour Tervuren et s'en excusent presque*"[1].

Tervuren a été vu comme un échec par l'administration allemande car elle a été forcée d'être mise en porte-à-faux vis-à-vis des Britanniques.

Il faut donc être conscient de ce mécanisme de résistance de l'administration quand elle a le sentiment qu'on lui force la main.

Dès lors, deux solutions se présentent.

---

[1] Entretien avec un officier supérieur français.

La première consiste à faire jouer la concertation le plus tôt possible avec les Allemands. Cette méthode est très longue et laborieuse, car il faut à chaque fois insister sur le côté pratique et utile d'une proposition. Il s'agirait de faire avancer les dossiers au niveau des besoins avérés et non pas au rythme des avancées conceptuelles. Cette méthode est extrêmement frustrante, surtout pour les responsables politiques car elle nécessite du temps. Mais elle a le mérite d'être efficace. A partir du moment où les Allemands seront convaincus du bien-fondé d'une proposition (et ce processus peut être long), ils la mettront en œuvre.

La deuxième méthode est celle qui a été adoptée à Tervuren : l'accord de niveau politique entre les ministres ou le Chancelier et le Président de la République. Cette solution choque la culture administrative allemande, qui mettra en œuvre des stratégies de résistance et en concevra du ressentiment à l'égard de la France.

Cette méthode ne doit être employée que très rarement et réservée aux questions que les responsables politiques estimeront stratégiquement centrales.

Nous avançons ainsi que le comportement allemand en matière de PESD tient à deux principales variables explicatives.

Tout d'abord, au niveau individuel, les préférences du rédacteur allemand en matière de PESD, qui sont le fait de sa socialisation antérieure, varient selon deux axes :
- un axe OTAN/UE
- un axe "PESD civile" et "PESD militaire".

Au niveau de la prise de décision, le système administratif allemand, qui favorise le consensus entre les ministères, va euthanasier les initiatives personnelles. Mais, du fait du principe de *Berechenbarkeit*, le système révèle une étonnante souplesse à couvrir les déviances individuelles.

Ces deux facteurs expliquent, selon nous, que les comportements allemands en matière de PESD puissent être jugés imprévisibles et erratiques par leurs partenaires.

Ainsi, il ne faut pas parler d'une vision allemande de la PESD, car elle n'existe pas, à la différence de ce qui se passe en France. Il existe une multiplicité de représentations selon les acteurs, qui sont lissées par un système administratif très particulier.

Conclusion

L'objectif de ce travail était de donner des clefs de compréhension du comportement allemand dans le domaine de la PESD. Nous avons tenté, à une modeste échelle, de permettre une meilleure compréhension des attentes du principal partenaire de la France dans un domaine qui engage l'avenir de l'Union Européenne en tant qu'acteur international.
Il convient maintenant de synthétiser les informations dont nous disposons.

Comme nous l'avons vu, il est impossible de parler **d'une** vision allemande de la PESD.
Les acteurs Français qui seront amenés à traiter avec des Allemands dans le domaine de la PESD doivent donc comprendre que leurs interlocuteurs possèdent une vision personnelle, construite en fonction de leurs expériences et de leurs convictions, qui n'est certainement pas généralisable à l'ensemble des acteurs Allemands de la PESD.
Il est donc **faux** de croire que la position soutenue par un Allemand est systématiquement **la** position allemande et plus encore de croire qu'une position officielle allemande existe toujours.
Si une position est exprimée, il ne pourra s'agir que d'une des variations possibles au sein du cadre que nous avons esquissé.
En conséquence, il ne faut pas nécessairement se formaliser d'une position allemande très éloignée de la position française. Le système administratif allemand étant lent à s'adapter et les Allemands étant dans une logique de processus, comme nous l'avons souligné, la vérité du jour n'est pas forcément celle du lendemain. Il faut être conscient que cette situation peut créer de bonnes comme de mauvaises surprises.

Néanmoins, il ne s'agirait pas de croire que les Allemands, avec le temps, s'aligneront nécessairement sur toutes les positions françaises.
Il subsistera toujours une méfiance face à la culture militaire française, jugée aventureuse et dangereuse en

Allemagne. Il faut être conscient de cet état d'esprit pour éviter de graves désillusions.

De plus, il faut comprendre le fait que la majorité des responsables Allemands ne portent pas un regard idéologique sur la PESD et sont beaucoup moins sensibles que les Français aux percées conceptuelles. Ils s'attachent beaucoup plus au concret et il faut constamment leur démontrer le besoin d'une innovation.

Il est donc nécessaire de ne pas craindre de passer du temps (parfois beaucoup) à négocier avec les Allemands. Leur pragmatisme les rend méfiants à l'encontre des nouveaux concepts et la lenteur de leur système administratif fait qu'ils aimeraient être associés très en amont des initiatives françaises ou britanniques.

Il ne faut pas non plus oublier le rôle de médiateur auquel sont très attachés les Allemands. Ils détestent être mis en porte-à-faux car ils se voient comme les facilitateurs du dialogue franco-britannique. Il pourrait donc être dangereux de "jouer" l'Allemagne contre la Grande-Bretagne. Cette attitude serait contre-productive car poussant les Allemands à se raidir, alors qu'avec un peu de temps, ils rallieraient la position française (s'ils estiment que celle-ci ne franchit pas leurs lignes rouges). Une tactique des "petits pas" longue, laborieuse et frustrante pour les hommes politiques, mais qui permettrait de rallier l'Allemagne à la position française nous semble plus porteuse que la mise sur la table d'une grande innovation qui choquerait les conceptions de nos partenaires.

Enfin, il faut comprendre que les Allemands sont soumis aux contraintes d'une opinion publique pacifiste et d'un *Bundestag* ultrasensible sur tout ce qui concerne le bien-être du soldat de la *Bundeswehr*.

Il apparaît ainsi que la politique étrangère allemande en matière de PESD ne peut pas être expliquée de manière satisfaisante en utilisant les cadres traditionnels des théories des relations internationales (réalisme, libéralisme).

Le mélange d'une approche constructiviste (pour comprendre la perception allemande du monde extérieur) et d'une approche administrative (pour expliquer le comportement des acteurs) est beaucoup plus pertinent.

Ainsi, l'avenir des relations franco-allemandes en matière de PESD dépendra aussi bien de facteurs structurels propres à l'Allemagne (savoir si le courant "européen" deviendra majoritaire au sein de la *Bundeswehr* par exemple) que de la prise de conscience par les Français des spécificités de leur partenaire.

Annexes

Liste des annexes

Annexe 1 : Glossaire
Annexe 2 : Institutions en charge de la PESD (Bruxelles)
Annexe 3 : Opérations de la PESD depuis 2003
Annexe 4 : Budgets de la défense des principaux pays de l'UE en 2005
Annexe 5 : L'OTAN dans le monde
Annexe 6 : Schéma simplifié du processus de prise de décision allemand en matière de PESD
Annexe 7 : dispositions de la loi fondamentale relatives à la sécurité de l'Allemagne
Annexe 8 : Missions à l'étranger de la *Bundeswehr* (janvier 2008)
Annexe 9 : Réduction des effectifs de la *Bundeswehr* et de la *Heer*
Annexe 10 : L'intégration de la *Bundeswehr* dans l'OTAN et dans les unités multilatérales
Annexe 11 : Caricature montrant les réticences allemandes à s'engager en République Démocratique du Congo
Annexe 12 : Allemands exerçant ou ayant exercé des responsabilités à l'OTAN
Annexe 13 : Principaux responsables de la politique de sécurité de l'Allemagne en 2008

Annexe 1 : glossaire

AA : Auswärtiges Amt, ministère allemand des Affaires étrangères
AED : Agence Européenne de Défense
BAKS : Bundesakademie für Sicherheitspolitik, équivalent de l'IHEDN
BMVg : Bundesministerium der Verteidigung, ministère allemand de la Défense
BSR : Bundessicherheitsrat, conseil de sécurité fédéral
CAN : Conseil de l'Atlantique Nord (OTAN, appelé NAC en anglais)
CDU : Christlich Demokratische Union, union démocrate-chrétienne
CECA : Communauté Européenne du Charbon et de l'Acier
CED : Communauté Européenne de Défense
CEMA : Chef d'Etat-Major des Armées
CID : Collège Interarmées de Défense (ancienne école de guerre)
CIVCOM : Comité chargé des aspects civils de la gestion des crises
CMC : Crisis Management Concept, concept de gestion de crise
CMUE : Comité Militaire de l'Union Européenne
COPS : Comité Politique et de Sécurité

CPCO : Centre de Planification et de Conduite Opérationnelle
EFK : Einsatzführungskommando, équivalent du CPCO
DAS : Délégation aux Affaires Stratégiques
DGEMUE : Directeur Général de l'Etat-Major de l'Union Européenne
DPKO : Department of Peace Keeping Operations, département des opérations de maintien de la paix (ONU)
DGAP : Deutsche Gesellschaft für Auswärtige Politik, société allemande de politique étrangère
EMUE : Etat-Major de l'Union Européenne
ENA : Ecole Nationale d'Administration
EUFOR : Acronyme des missions militaires de l'UE
EUPOL : Acronyme des missions de police de l'UE
EUSEC : Acronyme des missions de l'UE d'aide à la réforme du secteur de sécurité
FDP : Freie Demokratische Partei, parti libéral-démocrate
FES : Friedrich-Ebert-Stiftung, fondation Friedrich Ebert
FHQ : Force Headquarter, quartier général de forces
FüAk : Führungsakademie der Bundeswehr, équivalent du CID
GFW : Gesellschaft für Wehr- und Sicherheitspolitik : société pour la politique de sécurité
GPM : Groupe politico-militaire
IHEDN : Institut des Hautes Etudes de Défense Nationale
KAS : Konrad-Adenauer-Stiftung, fondation Konrad Adenauer
MAEE : Ministère des Affaires étrangères et Européennes
OHQ : Operation Headquarter, quartier général d'opérations

ONU : Organisation des Nations Unies
OPEX : Opération Extérieure
OSCE : Organisation pour la Sécurité et la Coopération en Europe
OTAN : Organisation du Traité de l'Atlantique Nord
PCMUE : Président du Comité Militaire de l'Union Européenne
PESC : Politique Etrangère et de Sécurité Commune
PESD : Politique Européenne de Sécurité et de Défense
RELEX : Groupe des conseillers pour les relations extérieures
REPMIL : Représentant militaire au comité militaire
RDA : République Démocratique d'Allemagne
RFA : République Fédérale d'Allemagne
SGC : Secrétariat général du Conseil
SG/HR : Secrétaire Général/ Haut Représentant pour la PESC
SHAPE : Supreme Headquarters Allied Powers Europe ou quartier general du commandement suprême allié en Europe (OTAN).
SIC : Système d'Information et de Communication
SITCEN : Situation Centre, centre de situation
SPD : Sozialdemokratische Partei Deutschlands, parti social-démocrate allemand
SWP : Stiftung Wissenschaft und Politik, fondation science et politique
UE : Union Européenne
UEO : Union de l'Europe Occidentale

Annexe 2 : Institutions en charge de la PESD (Bruxelles)

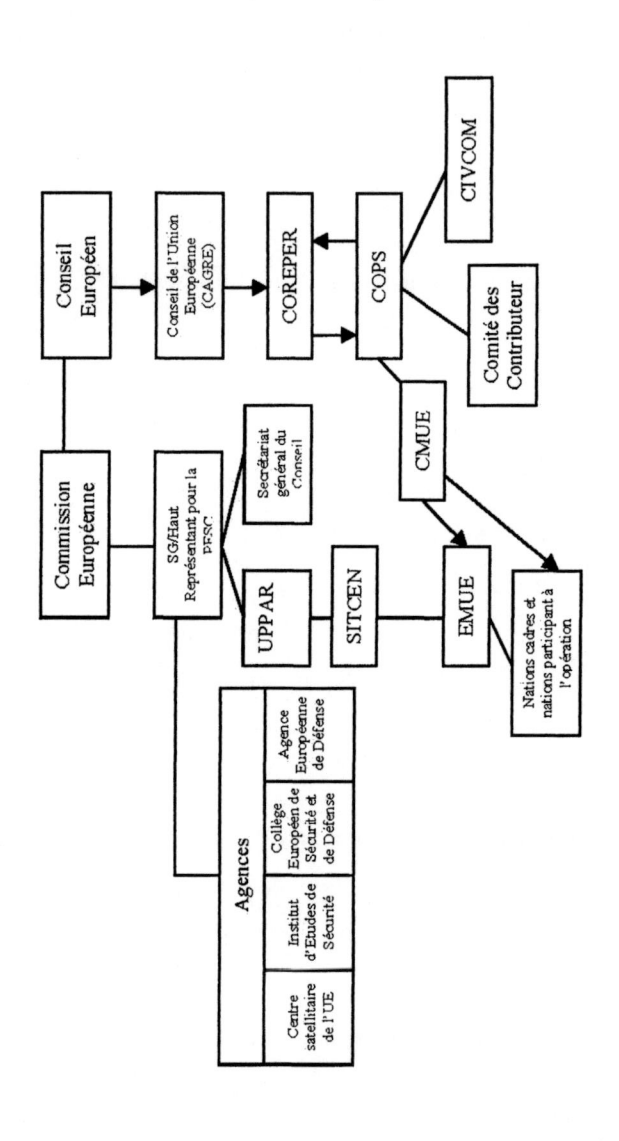

```
Conseil Européen → Conseil de l'Union Européenne (CAGRE) → COREPER ⇄ COPS
                                                                        ├── CIVCOM
                                                                        ├── Comité des Contributeurs
                                                                        └── CMUE

Commission Européenne ── SG/Haut Représentant pour la PESC
                            ├── Secrétariat général du Conseil
                            ├── UPPAR
                            ├── SITCEN ── EMUE
                            └── Agences
                                 ├── Centre satellitaire de l'UE
                                 ├── Institut d'Etudes de Sécurité
                                 ├── Collège Européen de Sécurité et de Défense
                                 └── Agence Européenne de Défense

CMUE → Nations cadres et nations participant à l'opération
EMUE → Nations cadres et nations participant à l'opération
```

Annexe 3 : opérations de la PESD depuis 2003

Aperçu des missions et opérations de l'Union européenne
Novembre 2007

- Missions civiles
- Opérations militaires
- Missions/opérations achevées
- Missions/opérations en cours de planification

Autres missions :
EUMM (EU Monitoring Mission, Balkans occidentaux)
EUSR border teams Moldavie/Ukraine
et Géorgie/Caucase du Sud

Afrique
- **Soutien à AMIS II**
  Soudan/Darfour
  Effectif: 31 civils et 20 militaires
- **EUSEC RD Congo**
  Effectif: 40
- **EUPOL Kinshasa**
  RD Congo
  2005-2007
- **ARTEMIS**
  RD Congo 2003
  Effectif: 1800
- **EUFOR Congo**
  RD Congo 2006
  Effectif: 2900
- **EUPOL RD Congo**
  Effectif: 39
- **EUFOR Tchad/RCA**

Balkans occidentaux / Caucase du Sud
- **EUJUST THEMIS**
  Géorgie 2004-2005
- **EUPM**
  Bosnie - Herzégovine
  Effectif: 182
- **EUFOR ALTHEA**
  Bosnie - Herzégovine
  Effectif: 2500 (après transition)
- **EUPOL PROXIMA**
  Ancienne République yougoslave de Macédoine (ARYM) 2004-2005
- **EUPAT**
  Ancienne République yougoslave de Macédoine (ARYM) 2006
- **CONCORDIA**
  Ancienne République yougoslave de Macédoine (ARYM) 2003
- **KOSOVO – EUPT**
  Équipe de planification (Effectif: 100)
  pour la future mission PESD "État de droit"

Asie
- **EUPOL AFGHANISTAN**
  Mission de police. Effectif: 160
- **AMM Monitoring Mission**
  Aceh/Indonésie
  2005-2006

Moyen-Orient
- **EUJUST LEX**
  Irak/Bruxelles
  Effectif: 26
- **EUPOL COPPS**
  Territoires palestiniens
  Effectif: 33
- **EUBAM Rafah**
  Territoires palestiniens
  Effectif: 65

© Conseil de l'Europe

Annexe 4 : budgets de la défense des principaux pays de l'UE en 2005

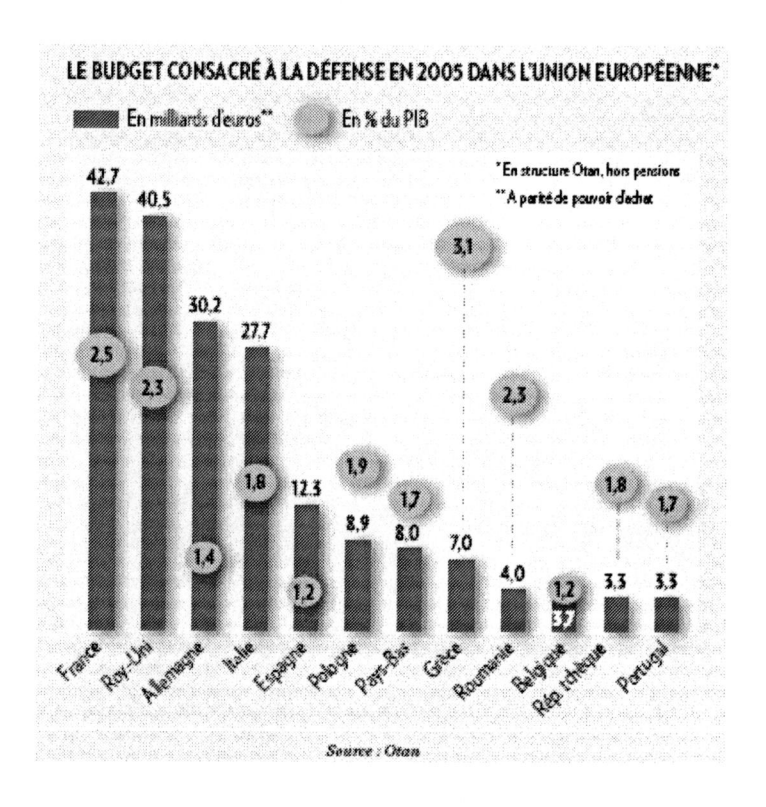

LE BUDGET CONSACRÉ À LA DÉFENSE EN 2005 DANS L'UNION EUROPÉENNE*

En milliards d'euros**   En % du PIB

* En structure Otan, hors pensions
** À parité de pouvoir d'achat

Pays	Milliards d'euros	% du PIB
France	42,7	2,5
Roy-Uni	40,5	2,3
Allemagne	30,2	1,4
Italie	27,7	1,8
Espagne	12,3	1,2
Pologne	8,9	1,9
Pays-Bas	8,0	1,7
Grèce	7,0	3,1
Roumanie	4,0	2,3
Belgique	3,7	1,2
Rép. tchèque	3,3	1,8
Portugal	3,3	1,7

Source : Otan

Annexe 5 : l'OTAN dans le monde

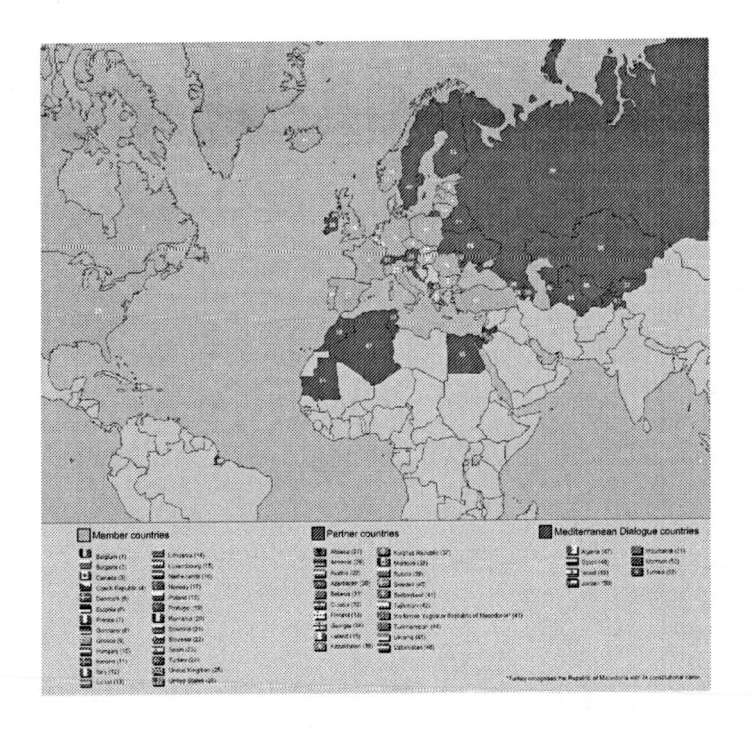

Annexe 6 : schéma simplifié du processus de prise de décision allemand en matière de PESD

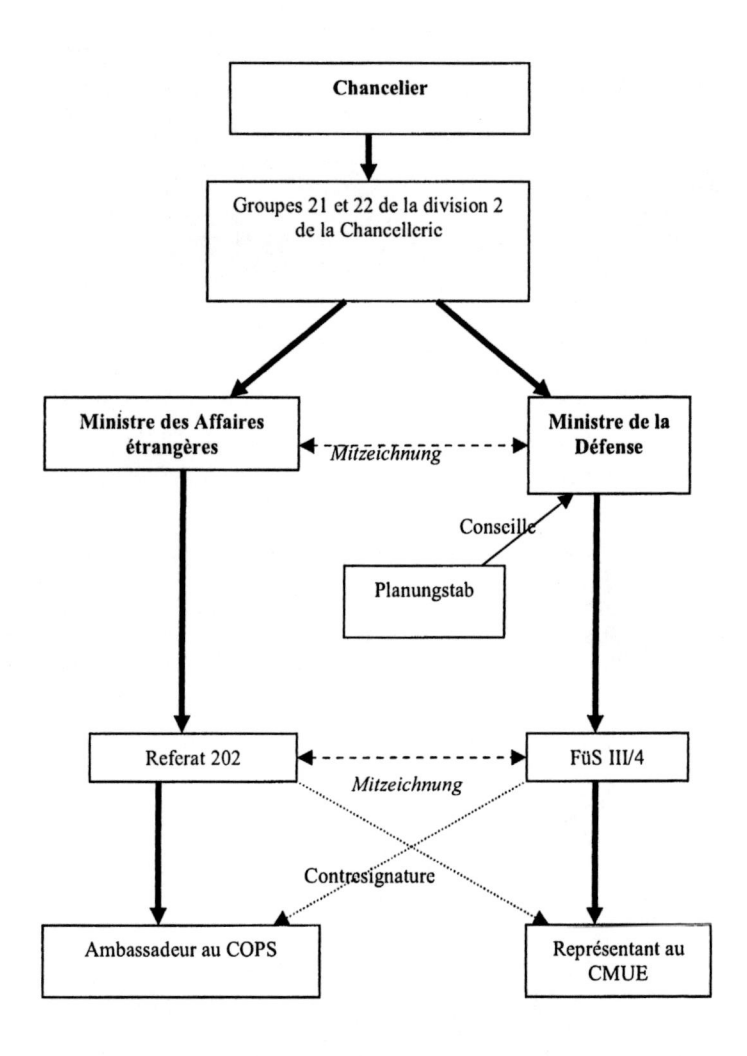

```
                    ┌─────────────────┐
                    │   Chancelier    │
                    └────────┬────────┘
                             ▼
            ┌────────────────────────────────┐
            │ Groupes 21 et 22 de la division 2 │
            │     de la Chancellerie         │
            └──────┬──────────────────┬──────┘
                   ▼                  ▼
    ┌──────────────────────┐   ┌──────────────────┐
    │ Ministre des Affaires│◄--Mitzeichnung--►│ Ministre de la   │
    │      étrangères      │   │     Défense      │
    └──────────┬───────────┘   └────────▲─────────┘
                                        │ Conseille
                                ┌───────┴──────┐
                                │ Planungstab  │
                                └──────────────┘
               │                           │
               ▼                           ▼
        ┌─────────────┐            ┌─────────────┐
        │ Referat 202 │◄--Mitzeichnung--►│  FüS III/4  │
        └──────┬──────┘            └──────┬──────┘
               │     Contresignature       │
               ▼                           ▼
    ┌────────────────────┐          ┌──────────────────┐
    │ Ambassadeur au COPS│          │ Représentant au  │
    │                    │          │      CMUE        │
    └────────────────────┘          └──────────────────┘
```

On voit bien ainsi que si, formellement, c'est le *referat* 202 qui envoie les consignes à l'ambassadeur au COPS, il a besoin de l'accord de la FüS III/4, et réciproquement quand celle-ci envoie ses consignes au représentant au CMUE., elle a besoin de l'accord du *referat* 202.

Le schéma est évidemment plus complexe lorsqu'il s'agit de décision engageant plusieurs ministères techniques (intérieur, justice...). L'envoi d'une consigne nécessite alors l'accord de tous les ministères techniques concernés.

Annexe 7 : Dispositions de la Loi fondamentale relatives à la sécurité de l'Allemagne

Article 23 [L'Union européenne]
(1) Pour l'édification d'une Europe unie, la République fédérale d'Allemagne concourt au développement de l'Union européenne qui est attachée aux principes fédératifs, sociaux, d'Etat de droit et de démocratie ainsi qu'au principe de subsidiarité et qui garantit une protection des droits fondamentaux substantiellement comparable à celle de la présente Loi fondamentale. A cet effet, la Fédération peut transférer des droits de souveraineté par une loi approuvée par le Bundesrat. L'article 79, al. 2 et 3 est applicable à l'institution de l'Union européenne ainsi qu'aux modifications de ses bases conventionnelles et aux autres textes comparables qui modifient ou complètent la présente Loi fondamentale dans son contenu ou rendent possibles de tels compléments ou modifications.
(2) Le Bundestag et les Länder par l'intermédiaire du Bundesrat concourent aux affaires de l'Union européenne. Le gouvernement fédéral doit informer le Bundestag et le Bundesrat de manière complète et aussi tôt que possible.
(3) Avant de concourir aux actes normatifs de l'Union européenne, le gouvernement fédéral donne au Bundestag l'occasion de prendre position. Dans les négociations, le gouvernement fédéral prend en considération les prises de position du Bundestag. Les modalités sont réglées par la loi.
(4) Le Bundesrat doit être associé à la formation de la volonté de la Fédération dans la mesure où son concours serait requis au plan interne pour une mesure analogue ou que les Länder seraient compétents au plan interne.
(5) Dans la mesure où des intérêts des Länder sont touchés dans un domaine de compétence exclusive de la Fédération ou lorsque la Fédération a à un autre titre le droit de légiférer, le gouvernement fédéral prend en considération la prise de position du Bundesrat. Lorsque des pouvoirs de législation des Länder, l'organisation de leurs administrations ou leur procédure administrative sont concernés de manière

prépondérante, l'opinion du Bundesrat doit être prise en considération de manière déterminante lors de la formation de la volonté de la Fédération; la responsabilité de la Fédération pour l'ensemble de l'Etat doit être préservée. Dans les affaires susceptibles d'entraîner une augmentation des dépenses ou une diminution des recettes de la Fédération, l'approbation du gouvernement fédéral est nécessaire.
(6) Lorsque des pouvoirs exclusifs de législation des Länder sont concernés de manière prépondérante dans les domaines de la formation scolaire, de la culture, de la radio et de la télévision, l'exercice des droits que possède la République fédérale d'Allemagne en tant qu'Etat membre de l'Union européenne sera confié par la Fédération à un représentant des Länder désigné par le Bundesrat. L'exercice de ces droits a lieu avec la participation du gouvernement fédéral et de concert avec lui; la responsabilité de la Fédération pour l'ensemble de l'Etat doit être préservée.
(7) Les modalités relatives aux alinéas 4 à 6 sont réglées par une loi requérant l'approbation du Bundesrat.

Article 24 [Institutions internationales]
(1) La Fédération peut transférer, par voie législative, des droits de souveraineté à des institutions internationales.
(1a) Dans la mesure où les Länder sont compétents pour l'exercice des pouvoirs étatiques et l'accomplissement des missions de l'Etat, ils peuvent, avec l'approbation du gouvernement fédéral, transférer des droits de souveraineté à des institutions de voisinage frontalier.
(2) Pour sauvegarder la paix, la Fédération peut adhérer à un système de sécurité mutuelle collective; elle consentira à cet effet aux limitations de ses droits de souveraineté qui établissent et garantissent un ordre pacifique durable en Europe et entre les peuples du monde.
(3) En vue de permettre le règlement de différends entre Etats, la Fédération adhérera à des conventions établissant une juridiction arbitrale internationale ayant une compétence générale, universelle et obligatoire.

Article 25 [Droit international public et droit fédéral]
Les règles générales du droit international public font partie du droit fédéral. Elles sont supérieures aux lois et créent directement des droits et des obligations pour les habitants du territoire fédéral.

Article 26 [Interdiction de préparer une guerre d'agression]
(1) Les actes susceptibles de troubler la coexistence pacifique des peuples et accomplis dans cette intention, notamment en vue de préparer une guerre d'agression, sont inconstitutionnels. Ils doivent être réprimés pénalement.
(2) Les armes de guerre ne peuvent être fabriquées, transportées et mises dans le commerce qu'avec l'agrément du gouvernement fédéral. Les modalités sont réglées par une loi fédérale.

Article 45 [Commission des affaires de l'Union européenne]
Le Bundestag nomme une commission des affaires de l'Union européenne. Il peut l'autoriser à exercer à l'égard du gouvernement fédéral les droits qui lui sont conférés par l'article 23.

Article 45a [Commissions des affaires étrangères et de la défense]
(1) Le Bundestag nomme une commission des affaires étrangères et une commission de la défense.
(2) La commission de la défense a également les droits d'une commission d'enquête. Elle est tenue d'enquêter sur une affaire si un quart de ses membres le demande.
(3) L'article 44, al. 1er ne s'applique pas au domaine de la défense.

Article 45b [Commissaire parlementaire aux forces armées]
Un commissaire parlementaire aux forces armées est désigné en vue de la protection des droits fondamentaux et en qualité d'organe auxiliaire du Bundestag pour l'exercice du contrôle parlementaire. Les modalités sont réglées par une loi fédérale.

Article 65 [Attributions au sein du gouvernement fédéral]

Le chancelier fédéral fixe les grandes orientations de la politique et en assume la responsabilité. Dans le cadre de ces grandes orientations, chaque ministre fédéral dirige son département de façon autonome et sous sa propre responsabilité. Le gouvernement fédéral tranche les divergences d'opinion entre les ministres fédéraux. Le chancelier fédéral dirige les affaires du gouvernement selon un règlement intérieur adopté par le gouvernement fédéral et approuvé par le président fédéral.

Article 65a [Autorité et commandement sur les forces armées]

Le ministre fédéral de la défense exerce l'autorité et le commandement sur les forces armées.

Article 115a [Notion et constatation de l'état de Défense]

(1) Il appartient au Bundestag avec l'approbation du Bundesrat de constater que le territoire fédéral fait l'objet d'une agression armée, ou qu'une telle agression est imminente (état de défense). La constatation est faite à la demande du gouvernement fédéral et requiert la majorité des deux tiers des voix exprimées correspondant au moins à la majorité des membres composant le Bundestag.

(2) Si la situation exige impérativement une action immédiate et si par suite d'obstacles insurmontables le Bundestag n'a pu se réunir en temps utile, ou ne peut délibérer faute de quorum, cette constatation sera faite par la commission commune à la majorité des deux tiers des voix exprimées correspondant au moins à la majorité de ses membres.

(3) Conformément à l'article 82, la constatation est promulguée par le président fédéral au Journal officiel fédéral. Si cette promulgation ne peut être accomplie en temps voulu, elle intervient sous une autre forme ; elle sera reprise au Journal officiel fédéral dès que les circonstances le permettront.

(4) Si le territoire fédéral fait l'objet d'une agression armée et que les organes fédéraux compétents sont dans l'impossibilité de constater l'état de défense conformément à l'alinéa 1er, 1ère

phrase, cette constatation est réputée avoir été faite et promulguée au moment où l'agression a débuté. Le président fédéral fait connaître cette date dès que les circonstances le permettent.
(5) Si la constatation de l'état de défense a été promulguée et que le territoire fédéral fait l'objet d'une agression armée, le président fédéral peut, avec l'approbation du Bundestag, procéder à des déclarations internationales sur l'existence de l'état de défense. Dans les circonstances prévues à l'alinéa 2, la commission commune se substitue au Bundestag.

Article 115b [Transfert au chancelier de l'autorité et du commandement sur les forces armées]
La promulgation de l'état de défense emporte transfert au chancelier fédéral de l'autorité et du commandement sur les forces armées.

Article 115c [Compétence législative élargie de la Fédération]
(1) Pendant l'état de défense, la Fédération a la compétence législative concurrente même dans les domaines relevant de la compétence législative des Länder. Ces lois requièrent l'approbation du Bundesrat.
(2) Si les circonstances l'exigent pendant l'état de défense, des lois fédérales prises pour l'état de défense peuvent
édicter en matière d'indemnisation pour expropriation une réglementation provisoire dérogeant à l'article 14, al. 3, 2ème phrase ;
fixer pour l'application de mesures privatives de liberté un délai dérogeant à l'article 104, al. 2, 3ème phrase et al. 3, 1ère phrase, sans toutefois que l'allongement du délai puisse excéder quatre jours, pour le cas où le juge ne pourrait assumer ses fonctions dans le délai prévu pour les circonstances normales.

(3) Si cela est nécessaire pour faire échec à une agression en cours ou à une menace imminente d'agression, une loi fédérale prise avec l'approbation du Bundesrat peut, pour l'état de défense, organiser l'administration et les finances de la

Fédération et des Länder en dérogation aux sections VIII, VIIIa et X, sous réserve de sauvegarder, notamment du point de vue financier, les possibilités d'existence des Länder, communes et groupements de communes.
(4) Les lois fédérales adoptées en vertu des alinéas 1 et 2, no. 1 peuvent, pour la préparation de leur exécution, être appliquées dès avant l'entrée en vigueur de l'état de défense.

Article 115d [Procédure législative applicable aux projets urgents]
(1) La compétence législative de la Fédération s'exerce pendant l'état de défense conformément aux alinéas 2 et 3, par dérogation aux articles 76, al. 2, article 77, al. 1er, 2ème phrase et al. 2 à 4, 78 et 82, al. 2.
(2) Les projets de lois du gouvernement fédéral qui ont été déclarés urgents sont transmis au Bundesrat en même temps qu'ils sont déposés au Bundestag. Le Bundestag et le Bundesrat discutent sur ces projets sans délai et en commun. Si l'adoption définitive d'une loi requiert l'approbation du Bundesrat, celle-ci est donnée à la majorité des voix. Les modalités sont réglées par un règlement intérieur voté par le Bundestag et requérant l'approbation du Bundesrat.
(3) Pour la promulgation des lois, l'article 115a, al. 3, 2ème phrase s'applique par analogie.

Article 115e [Pouvoirs de la commission commune]
(1) Si, pendant l'état de défense, la commission commune constate à la majorité des deux tiers des voix exprimées, correspondant à la majorité des membres la composant, que des obstacles insurmontables s'opposent à la réunion en temps utile du Bundestag ou que celui-ci ne peut délibérer faute de quorum, la commission commune se substitue au Bundestag et au Bundesrat, et exerce l'ensemble de leurs prérogatives.
(2) La Loi fondamentale ne peut être ni modifiée ni suspendue ou abrogée en totalité ou en partie par une loi de la commission commune. La commission commune n'a pas compétence pour édicter les lois

prévues à l'article 23, al. 1er, 2ème phrase, à l'article 24, al. 1er ou à l'article 29.

Article 115f [Attributions du gouvernement fédéral]
(1) Le gouvernement fédéral peut, pendant l'état de défense et pour autant que les circonstances l'exigent:
engager le corps fédéral de protection des frontières sur l'ensemble du territoire fédéral;
donner des instructions, non seulement à l'administration fédérale, mais aussi aux gouvernements des Länder et, s'il l'estime urgent, aux autorités administratives des Länder, et déléguer ce pouvoir à des membres des gouvernements de Länder désignés par lui.

(2) Le Bundestag, le Bundesrat et la commission commune doivent être informés sans délai des mesures prises en vertu de l'alinéa 1er.

Article 115g [Statut de la Cour constitutionnelle fédérale]
Il ne peut être porté atteinte ni au statut ni à l'exercice des missions constitutionnelles de la Cour constitutionnelle fédérale et de ses juges. La loi relative à la Cour constitutionnelle fédérale ne peut être modifiée par une loi de la commission commune que pour autant que, de l'avis même de la Cour constitutionnelle, cela est nécessaire pour la maintenir en état de remplir ses fonctions. Jusqu'à l'édiction d'une telle loi, la Cour constitutionnelle fédérale peut prendre les mesures nécessaires à son maintien en activité. Les décisions intervenant sur la base des deuxième et troisième phrases sont adoptées par la Cour constitutionnelle fédérale à la majorité des juges présents.

Article 115h [Fonctionnement des organes constitutionnels]
(1) Les législatures du Bundestag ou des représentations du peuple dans les Länder qui arrivent à échéance pendant l'état de défense prennent fin six mois après la cessation de l'état de défense. Le mandat du président fédéral arrivant à échéance pendant l'état de défense, ainsi que l'exercice de ses pouvoirs par le président du Bundesrat par suite de vacance anticipée des fonctions, prennent fin neuf mois après la cessation de l'état de

défense. Le mandat d'un membre de la Cour constitutionnelle fédérale arrivant à échéance pendant l'état de défense prend fin six mois après la cessation de l'état de défense.
(2) Si l'élection par la commission commune d'un nouveau chancelier fédéral s'avère nécessaire, celle-ci élit un nouveau chancelier fédéral à la majorité de ses membres; le président fédéral fait une proposition à la commission commune. La commission commune ne peut exprimer sa défiance envers le chancelier fédéral qu'en élisant un successeur à la majorité des deux tiers de ses membres.
(3) La dissolution du Bundestag est exclue pour la durée de l'état de défense.

Article 115i [Attributions des gouvernements des Länder]
(1) Lorsque les organes fédéraux compétents sont dans l'impossibilité de prendre les mesures qui s'imposent pour écarter le danger et lorsque la situation exige impérativement une action autonome et immédiate dans certaines parties du territoire fédéral, les gouvernements des Länder ou les autorités désignées par eux, ou leurs délégués, sont habilités à prendre dans leur ressort les mesures envisagées par l'article 115f, al. 1er.
(2) Les mesures prévues à l'alinéa 1er peuvent à tout moment être rapportées par le gouvernement fédéral ainsi que par les ministres-présidents des Länder, pour ce qui concerne les administrations des Länder et les autorités subordonnées de l'administration fédérale.

Article 115k [Durée de validité des lois et règlements exceptionnels]
(1) Aussi longtemps qu'elles sont applicables, les lois prises sur la base des articles 115c, 115e et 115g ainsi que les règlements pris en vertu de ces lois ont pour effet de suspendre toute disposition contraire. Ceci ne vaut pas pour les dispositions qui ont été édictées antérieurement sur la base de ces articles 115c, 115e et 115g.
(2) Les lois adoptées par la commission commune ainsi que les règlements pris sur la base de ces lois deviennent caduques au

plus tard six mois après la cessation de l'état de défense.
(3) Les lois comportant des dispositions dérogatoires aux articles 91a, 91b, 104a, 106 et 107 restent en vigueur au plus tard jusqu'à la clôture du second exercice budgétaire qui suit la cessation de l'état de défense. Après la cessation de l'état de défense, elles peuvent être modifiées par une loi fédérale prise avec l'approbation du Bundesrat, afin d'assurer la transition avec une réglementation conforme aux sections VIIIa et X.

Article 115l [Abrogation des lois et mesures exceptionnelles, fin de l'état de défense, conclusion de la paix]
(1) Le Bundestag peut à tout moment avec l'accord du Bundesrat rapporter les lois adoptées par la commission commune. Le Bundesrat peut demander au Bundestag qu'il se prononce à ce sujet. Les autres mesures prises par la commission commune ou par le gouvernement fédéral pour écarter le danger doivent être levées si le Bundestag et le Bundesrat en décident ainsi.
(2) Le Bundestag peut avec l'accord du Bundesrat proclamer à tout moment la cessation de l'état de défense, par une décision qui doit être promulguée par le président fédéral. Le Bundesrat peut demander au Bundestag qu'il se prononce à ce sujet. La cessation de l'état de défense doit être déclarée sans délai, lorsque les conditions nécessaires à sa constatation ne sont plus réunies.
(3) La conclusion de la paix est décidée par une loi fédérale.

Annexe 8 : missions à l'étranger de la *Bundeswehr* (janvier 2008)

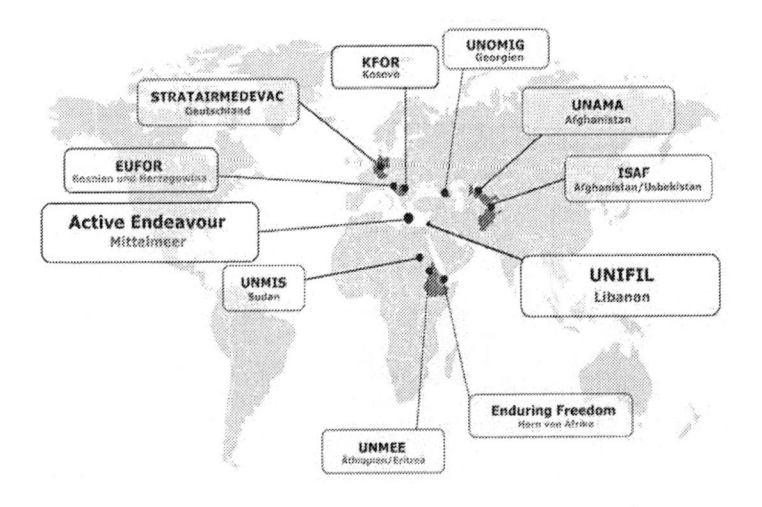

- **UNOMIG** Georgien
- **KFOR** Kosovo
- **STRATAIRMEDEVAC** Deutschland
- **UNAMA** Afghanistan
- **EUFOR** Bosnien und Herzegowina
- **ISAF** Afghanistan/Usbekistan
- **Active Endeavour** Mittelmeer
- **UNMIS** Sudan
- **UNIFIL** Libanon
- **Enduring Freedom** Horn von Afrika
- **UNMEE** Äthiopien/Eritrea

Source : www.bundeswehr.de

Annexe 9 : réduction des effectifs de la *Bundeswehr* et de la *Heer*

Strukturelle/Personelle WE
(nombre de postes autorisés pour la Bundeswehr)

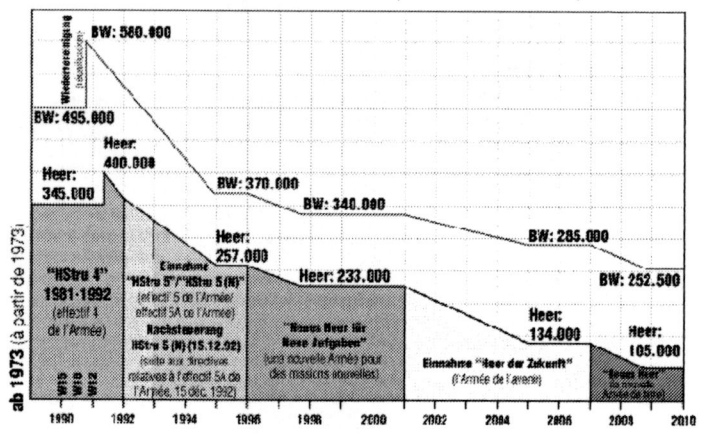

Source : ministère fédéral de la Défense

Annexe 10 : l'intégration de la *Bundeswehr* dans l'OTAN et dans les unités multilatérales

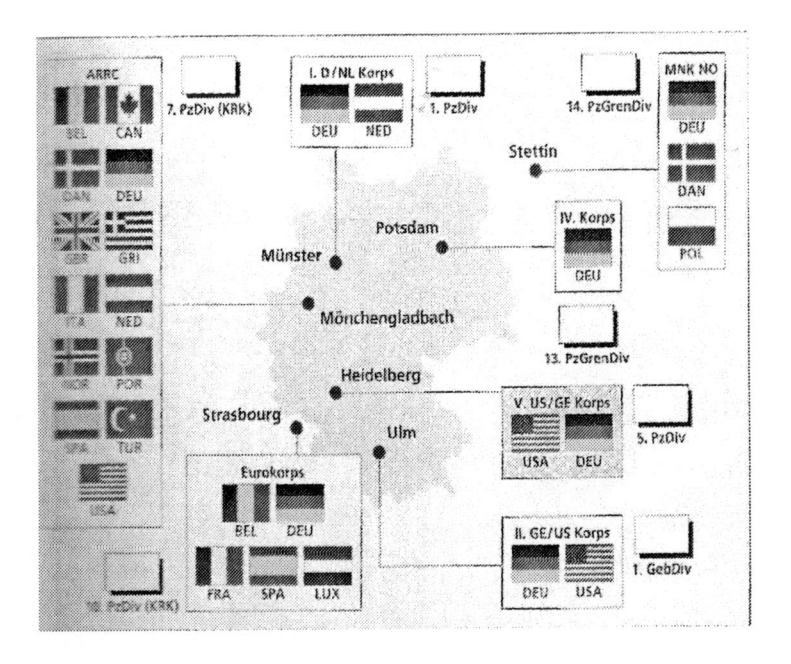

Les divisions en blanc ne sont pas intégrées. Elles sont cependant pré-affectées à des unités multinationales.

Annexe 11 : caricature montrant les réticences allemandes à s'engager en République Démocratique du Congo

"Et je pensais qu'il n'y avait plus de colonies".

Cette caricature parue dans la *Frankfurter Rundschau* illustre le sentiment largement partagé en Allemagne de s'être fait entraîner dans une aventure post-coloniale par les Français lors de la mission EUFOR RD/Congo.

Annexe 12 : Allemands exerçant ou ayant exercé des responsabilités à l'OTAN

Secrétaire général

Manfred Wörner (1988-94)

Secrétaire général adjoint

Joachim Jaenicke (1966-69)
Jörg Kastl (1969-75)
Ernst E. Jung (1975-78)
Hans Christian Lankes (1978-81)
Fredo Dannenbring (1982-86)
Henning Wegener (1986-91)
Gebhardt von Moltke (1991-97)
Hans-Peter Klaiber (1997-2001)
Dr. Günther Altenburg (2001-2005)

Président du Comité militaire de l'OTAN

Général Adolf Heusinger (1961-64)
Général Johannes Steinhoff (1971-74)
Général Wolfgang Altenburg (1986-89)
Général Klaus Naumann (1996-99)
Général Harald Kujat (depuis 2002)

Adjoint au SACEUR (DSACEUR)

Général Gerd Schmückle (1978-80)
Amiral Günther Luther (1980-82)
Général Dr. Günther Kiessling (1982-84)
Général Hans Joachim Mack (1984-87)
Général Eberhard Eimler (1987-90)
Général Dieter Clauss (1990-93)
Général Dieter Stöckmann (2001-02)
Amiral Rainer Feist (2002-04)

Chef d'état-major

Général Peter Heinrich Carstens (1993-98)
Général Dieter Stöckmann (1998-2001)
Général Rainer Schuwirth (depuis 2004)

Annexe 13 : Principaux responsables de la politique de sécurité de l'Allemagne en 2009

Angela Merkel, Chancelière

Franz-Walter Steinmeier,
Ministre des Affaires étrangères

Franz-Joseph Jung,
Ministre de laDéfense

Wolfgang Schneiderhan,
Generalinspekteur (CEMA)

© Chancellerie fédérale, ministère des Affaires étrangères, ministère fédéral de la Défense

Liste des personnes interrogées

Les éléments avancés dans ce travail sont le fruit des observations que nous avons pu faire lors de notre stage à la mission militaire près l'ambassade de France à Berlin et des rencontres que nous y avons eues. Nous ne mettons ici que la liste des personnes avec qui nous avons pris rendez-vous spécifiquement pour parler de la PESD dans le cadre d'un entretien semi-dirigé. Mais il est évident que nous avons eu l'occasion d'aborder le sujet de manière informelle avec un grand nombre de responsables, de nous rendre à des colloques, etc…

Militaires français

Général de Division Alain Daniel : attaché de défense près l'ambassade France en Allemagne

Capitaine de Vaisseau Thibaut Delort-Laval : attaché naval

Colonel Bertrand-Louis Pflimlin : attaché des forces terrestres, attaché de défense adjoint

Colonel Bernard Dartaguiette : représentation permanente auprès de l'UE, section "capacités"

Colonel Cyril Claver : représentation permanente auprès de l'UE, section "opérations"

Lieutenant-colonel Laurent Paccaud : représentation permanente auprès de l'UE, section "finances"

Lieutenant-colonel Charles Orlianges : officier d'échange, FüS III/4, ministère fédéral de la Défense

Diplomates français

Guillaume Audren de Kerdrel : diplomate d'échange, *referat* 202, ministère allemand des Affaires étrangères

Emilie Dequidt : diplomate d'échange, ministère allemand des Affaires étrangères

Emmanuel Mignot : chancellerie politique, ambassade de France en Allemagne

Cornelia Marang : ministère de la défense, en échange au *Planungstab*

Militaires allemands

Oberst (Colonel) Andreas Berg : *Planungstab*

Oberstleutnant (Lieutenant-colonel) Olaf Stöcker : représentation permanente de l'Allemagne auprès de l'UE

Diplomates allemands

Jens Beikufner : *Referat* 202, ministère allemand des Affaires étrangères

Députés allemands

Hans-Peter Bartels, SPD, commission de la défense

Jörn Thiessen, SPD, commission de la défense

Winfried Nachtwei, *Die Grüne*, commission de la défense

Chercheurs

Daniela Schwarzer, *Stiftung Wissenschaft und Politik*

Robert Chaouad, Intsitut des Relations Internationales et Stratégiques

Bibliographie

Théories des relations internationales

Livres et articles

Graham Allison: *Essence of Decision, Explaining the Cuban Missile Crisis*, Boston, Little Brown, 1971.

Dorio Battistella : *Théories des Relations Internationales*, Paris, Presses de Sciences Po, 2003.

Charles-Philippe David : *La Guerre et la Paix, Approches Contemporaines de la Sécurité et de la Stratégie*, Paris, Presses de Sciences Po, 2000.

Jean-Jacques Roche : *Théories des Relations Internationales*, Paris, Montchrestien, 4e édition, 2001.

On pourra aussi lire l'excellent article de Giovanni Arcudi : "La Sécurité entre Permanences et Changements", *Relations Internationales* n°125, Hiver 2006.

PESD

Sites internet

Sites des institutions :
- Conseil de l'Union Européenne : www.consilium.europa.eu
- Commission Européenne : http://ec.europa.eu
- Union de l'Europe Occidentale : www.weu.int
- Agence Européenne de Défense : http://www.eda.europa.eu

Le site de la représentation permanente de la France auprès de l'UE offre propose un très bon résumé de la PESD, avec notamment une actualisation des missions en cours : http://www.rpfrance.eu.

On peut également consulter le site de l'Institut d'Etudes de Sécurité de l'Union Européenne, qui propose des analyses et réflexions librement consultables notamment les *Cahiers des Chaillot*: http://www.iss.europa.eu.
Le site European Navigator permet également de consulter tous les documents de référence depuis la création de la CECA. On y trouve aussi des dossiers et des archives audio ou vidéo : www.ena.lu.

Livres

Yves Buchet de Neuilly : *L'Europe de la Politique Etrangère*, Paris, Economica, 2005.
Barbara Delcourt : *Droit et Souverainetés. Analyse Critique du Discours Européen sur la Yougoslavie*, Bruxelles, PIE-Peter Lang, 2003.
André Dumoulin, Eric Remacle : *L'Union de l'Europe Occidentale, Phénix de la Défense Européenne*, Bruxelles, Bruylant, 1998.
André Dumoulin, Raphaël Mathieu, Gordon Salet : *La Politique Européenne de Sécurité et de Défense, de l'Opératoire à l'Identitaire. Genèse, Structuration, Ambitions, Limites*, Bruxelles, Bruylant, 2003.
Louis Gautier : *Face à la Guerre*, Paris, La Table Ronde, 2006.
Pierre Gerbert, Françoise de la Serre et Gérard Nafilyan : *L'Union Politique de l'Europe. Jalons et Textes*, Paris, La Documentation Française, 1998.
Nicole Gnesotto (sous la dir.), *La Politique de Sécurité et de Défense de l'UE, les Cinq Premières Années (1999-2004)*, Bruxelles, Institut d'Etudes de Sécurité de l'Union Européenne, 2005.
Damien Helly, Franck Petiteville (sous la dir.) : *L'Union Européenne, Acteur International*, Paris, L'Harmattan, 2005.
Jean Klein, Patrice Buffotot et Nicole Volboux (sous la dir.) : *Vers une Politique Européenne de Sécurité et de Défense, Défis et Opportunités*, Paris, Economica, 2003.
Zaki Laïdi : *La Norme sans la Force, l'Enigme de la Puissance Européenne*, Paris, Presses de Sciences Po, 2005.

Henri Pac : *Défense et Sécurité Européenne*, Paris, Eyrolles, 1991.
Franck Petiteville : *La Politique Internationale de l'Union Européenne*, Paris, Presses de Sciences Po, 2006.
Thierry Tardy : *La France et la Gestion des Conflits Yougoslaves (1991-1995) : Enjeux et Leçons d'une Opération de Maintien de la Paix de l'ONU*, Bruxelles, Bruylant, 1999.
Kjell M. Torbiörn : *L'Europe face à son Destin*, Paris, Economica, 2005.
Johannes Varwick (sous la dir.) : *Die Beziehungen zwischen NATO und EU, Partnerschaft, Konkurrenz, Rivalität?* Opladen, Verlag Barbara Budrich, 2005.

Articles

Stephanie Anderson et Thomas R. Seitz : "European Security and Defense Policy Demistified, Nation-Building and Identity in the European Union", *Armed Forces and Society*, volume 33, n°1, Octobre 2006, pp. 24-42.
Niagalé Bagayoko-Penone : "L'Européanisation des Militaires Français : Socialisation Institutionnelle et Culture Stratégique", *Revue Française de Science Politique*, n°1, vol.56, Février 2006, pp.49-77.
Yves Buchet de Neuilly : "L'Irrésistible Ascension du Haut Représentant pour la PESC. Une Solution Institutionnelle dans une Pluralité d'Espaces d'Action Européens", *Politique Européenne*, n°8, 2002, pp. 13-31.
Simon Duke : "The Commission and CFSP", Working Paper 2006/W/01, Maastricht, Institut Européen d'Administration Publique, 2006.
Sophie Enos-Attali : "Etre un Etat Neutre dans l'Union Européenne", *Questions Internationales* n°13, mai-juin 2005.
Christopher Hill : "The Capability-Expectations Gap, or Conceptualising Europe's International Role", *Journal of Common Market Studies*, vol.31, n°3, Septembre 1993, pp. 305-328.

Jolyon Howorth : "Britain, NATO and CESDP : Fixed Strategy, Changing Tactics", *European Foreign Affairs Review*, vol.5, issue 3, Automne 2000.
Jolyon Howorth : "Britain, France and the European Defence Initiative", *Survival*, vol.42, n°2, Eté 2000.
Bastien Irondelle : "Défense Européenne et Sciences Sociales : où en est le Débat Théorique ?", *La Revue Internationale et Stratégique* n°48, hiver 2002-2003, pp. 79-88.
Simon Koschut : "Global NATO or Global Partnerships ?", *Kölner Forum für Internationale Beziehungen und Sicherheitspolitik* 4/06.
Anand Menon, "Playing with Fire, the European Union's Defense Policy", *Politique Européenne* n°8, Automne 2002, pp. 32-45.
Edouard Pflimlin : "Vers l'Autonomie des Capacités Militaires de l'UE ?" Paris, Fondation Robert Schuman, mai 2006.
Wolfgang Wagner, "Why the Eu's Common Foreign Policy will remain Intergovernmental : a Rationnalist Institutionnal Choice Analysis of European Crisis Management Policy", *Journal of European Public Policy*, 10/4, Août 2003, pp.576-595.
Brian White : "Expliquer la Défense Européenne, un Défi pour les Analyses Théoriques", *La Revue Internationale et Stratégique* n°48, hiver 2002-2003, pp. 89-97.

Enfin, la revue *Défense Nationale* publie tous les six mois une veille stratégique sur la PESD.

Allemagne

Sites internet

Sites officiels :
- site de la *Bundeswehr* : www.bundeswehr.de
- site du ministère de la Défense : www.bmvg.de
- site du ministère des Affaires étrangères : www.auswaertiges-amt.de
- site de la Chancellerie : www.bundeskanzlerin.de

- site de la représentation permanente auprès de l'UE : www.bruessel-eu.diplo.de
- site du Bundestag : www.bundestag.de

Sites des *thinks tanks* :
- DGAP : www.dgap.org
- SWP : www.swp-berlin.org
- GFW : www.gfw-ev.de
- KAS : www.kas.de
- FES : www.fes.de
- Fondation Bertelsmann : www.bertelsmann-stiftung.de

En langue française, le Centre d'Etudes des Relations Franco-Allemandes (CERFA) de l'Institut Français de Relations Internationales (IFRI) publie de nombreuses analyses : www.ifri.org.

Revues spécialisées

Les revues indépendantes les plus répandues en Allemagne sont : *Internationale Politik* et *Europäische Sicherheit* (mensuels tous les deux). *Internationale Politik* peut être comparé à *Politique Etrangère* (dans la forme comme sur le fond) tandis que *Europäische Sicherheit* peut être rapproché de *Défense et Sécurité Internationale*.

La *Bundeswehr* édite aussi un certain nombre de revues, telles que *Aktuell* (brochure officielle du ministère de la Défense) et *Y* (mensuel qu'on pourrait comparer à *Armées d'Aujourd'hui*). On peut également citer *Loyal*, qui est la revue officielle de l'armée de terre (équivalent de *Terre magazine*). On y trouve souvent des prises de position de hauts gradés et de responsables politiques.

Généralités

Henry Bogdan : *Histoire de l'Allemagne, de la Germanie à nos Jours*, Paris, Perrin, 1999.
Ernest Weibel : *1000 ans d'Allemagne, Histoire et Géopolitique du Monde Germanique*, Paris, Ellipse, 2007.
Heinrich A. Winkler : *Histoire de l'Allemagne, XIX°-XX° siècle, Le Long Chemin vers l'Occident*, Paris, Fayard, 2005.

Sur la politique étrangère et de sécurité de l'Allemagne

Livres

Enrico Brandt, Christian Buck (sous la dir.) : *Auswärtiges Amt, Diplomatie als Beruf*, Wiesbaden, Verlag für Sozialwissenschaften/GWV Fachverlage GmbH.
Yves Boyer (sous la dir.) : *Allemagne : Certitudes et Incertitudes de la Politique de Sécurité*, Paris, Ellipses, 1999.
Sven Bernhard Gareis : *Deutschlands Außen- und Sicherheitspolitik*, Opladen&Farmington Hills, Verlag Barbara Budrich, 2006.
Anne-Marie Le Gloannec : *Berlin et le Monde, les Timides Audaces d'une Nation Réunifiée*, Paris, Autrement, 2007.
Jacques-Pierre Gougeon : *Allemagne : une Puissance en Mutation*, Paris, Gallimard, 2006.
Christian Hacke : *Die Außenpolitik der Bundesrepublik Deutschland*, Berlin, Ullstein, 2003.
Helga Haftendorn : *Deutsche Außenpolitik zwischen Selbstbeschränkung und Selbstbehauptung*, Stuttgart, DVA, 2001.
Richard Rosecrance : *The Rise of the Trading State : Commerce and Conquest in the Modern World*, New York, Basics Books, 1986.
Gregor Schöllgen : *Der Auftritt. Deutschlands Rückkehr auf die Weltbühne*, Berlin/München, Ullstein/Propyläen, 2003.
W.R. Smyser : *How Germans Negotiate. Logical Goals, Practical Solutions*, Washington DC, United States Institute of Peace Press, 2003.

Alexandre Wattin : *La Coopération Franco-Allemande en matière de Défense et de Sécurité*, Paris, L'Harmattan, 2004

Articles

Christoph Bertram : "Europe's Best Interest : Staying Close to Number One", *Internationale Politik*, Janvier 2003.

Rolf Clement : "Die Sicherheitspolitische Debatte fehlt immer noch", *Europäische Sicherheit*, Août 2007.

Karl-Heinz Kamp et Carlo Masala : "La Politique Etrangère et de Sécurité de la Grande Coalition, un Premier Bilan". Note du CERFA n°38, novembre 2006.

Vanda Knowles et Silke Thomson-Pottebohm : "The UK, Germany and ESDP : Developments at the Convention and the IGC", *German Politics*, vol.13, n°4, décembre 2004.

Jean-Luc Marret : "Les Actions Civilo-Militaires Allemandes, entre Inhibition et Humanitarisme", *Notes de la Fondation pour la Recherche Stratégique*, 12 février 2007.

Hanns W. Maull : "Zivilmacht Bundesrepublik Deutschland", *Europa Archiv* n°10, 1992.

Franz Joseph Meiers : "La Politique Allemande de Sécurité et de Défense. Equilibrer durablement les Attentes Extérieures et les Contraintes Intérieures". Note du CERFA n°41, février 2007.

Katrin Milzow : "Le Discours Politique et la Sécurité en Europe : Blair, Chirac et Schröder et la Politique Européenne de Sécurité et de Défense (1998-2003)", *Relations Internationales* n°125, Hiver 2006.

Susanne Nies : "Des Fondements de la Politique Etrangère Allemande", *La Revue Internationale et Stratégique* n° 61, printemps 2006.

Dirk Peters : "Constrained Balancing : the UK, Germany and ESDP", travail présenté lors de la dixième conference biannuelle de l'*European Union Studies Association*.

Oliver Schulz : "La Politique Allemande dans le Processus de Reconstruction en Afghanistan", *Géostratégiques* n°12, Avril 2006.

Thomas Zehetner : "The Role of the German Presidency in Promoting ESDP", *European Security Review*, n°32, mars 2007.

Bundeswehr

Livres

Detlef Bald : *Militär und Gesellschaft 1945-1990, die Bundeswehr der Bonner Republik*, Baden-Baden, Nomos, 1994.
Detlef Bald : *Die Bundeswehr, eine Kritische Geschichte (1955-2005)*, Munich, Verlag C.H. Beck, 2005.
Jacques Benoist-Méchin : *Histoire de l'Armée Allemande*, Paris, Albin Michel, 1964.
Joachim Krause, Jan C. Irlenkaeuser : *Bundeswehr, die Nächsten 50 Jahre. Anforderungen an Deutsche Streitkräfte in 21. Jahrhundert*. Opladen&Farmington Hills, Verlag Barbara Budrich, 2006.
Franch Nägler : *Die Bundeswehr, 1955 bis 2005. Rückblenden-Einsichten-Perspektiven*, Munich, Oldenburg Verlag, 2007.
Christophe Pajon : *Forces Armées et Société dans l'Allemagne Contemporaine*, Paris, L'Harmattan, 2001.
Gerhard Ubatschek (sous la dir.): *Bundeswehr, 50 Jahre Einsatz für den Frieden*, Bonn, Report Verlag, 2005.
Andre Uzulis : *Die Bundeswehr, eine Politische Geschichte von 1955 bis Heute*, Hambourg, Mittler, 2005.

Articles

Mathias Martin : "Die Bundeswehr als Instrument deutscher Machtprojektion", *Blätter für deutsche und Internationale Politik*, 1995.
Christian Millotat : "Le Service d'Etat-Major dans la Bundeswehr", *Revue Défense Nationale*, mars 1999.
Gotz Schulze : "Les Conditions d'Engagement de la Bundeswehr dans des opérations militaires à l'étranger", *Arès*, volume XV, n°3, 1996.

Réunification

Tous les documents officiels allemands concernant la période sont contenus dans : *Deutsche Einheit. Sonderedition aus den Akten des Bundeskanzleramtes, 1989-1990*, Munich, Oldenburg Verlag, 1998.

Jacques Attali : *Verbatim III. Chronique des Années 1988-1991, tome 1 : 1988-1990*, Paris, Fayard, 1995.

Samy Cohen (sous la dir.) : *Mitterrand et la Sortie de la Guerre Froide*, Paris, PUF, 1998.

Roland Dumas, *Le Fil et la Pelote*, Paris, Plon, 1996.

Karl Kaiser : *Deutschlands Vereinigung. Die Internationale Aspekte*, Bergisch Gladbach, Lübbe Verlag, 1991.

Helmut Kohl : *Ich wollte Deutschlands Einheit*, Stuttgart, Deutsche Verlags-Anstalt, 1998.

Tilo Schabert : *Wie die Weltgeschichte gemacht wird. Frankreich und die deutsche Einheit.* Stuttgart, Klett-Cotta, 2002.

Horst Teltschik : *329 Tage, Innenansichten der Einigung*, Berlin, Siedler, 1994.

Werner Weidenfeld : *Außenpolitik für die Deutsche Einheit*, Stuttgart, Deutsche Verlags-Anstalt, 1998.

Index des noms cités

Adenauer, Konrad : pp. 42-45, 48, 90, 94, 134

Alia, Josette : p. 54

Allison, Graham : pp. 19, 132

Attali, Jacques : pp. 56, 62

Baker, James : pp. 58-59

Blair, Tony, pp. 117-118

Brandt, Willy : pp. 42, 50, 52, 67

Brard, Jean-Pierre : p. 54

Brzezinski, Zbigniew : p. 47

Bush, George Herbert Walker : pp. 55, 58-62

Bush, George Walker: pp. 33, 78-79, 112

Byrnes, James: p. 47

Chirac, Jacques : pp. 107, 117, 118, 154

Debré, Michel : p. 54

Dumas, Roland : p. 55

Fischer, Joschka : pp. 75, 79, 92, 106-110

Genscher, Hans-Dietrich : pp. 51, 67, 90-91

Gorbatchev, Mikhaïl : pp. 55, 58-61

Gougeon, Jacques-Pierre : pp. 48, 79

Grass, Günther : p. 81

Habermas, Jürgen : p. 81

Haftendorn, Helga ; p.43

Jessel, Jacques : pp. 55, 57

Jospin, Lionel : p. 107

Jung, Franz-Joseph : pp. 68, 107, 122

Kaiser, Jacob : p. 42

Kohl, Helmut : pp 57, 59-61, 67-68, 73, 79, 81, 85, 90, 92, 104

Le Gloannec, Anne-Marie : pp. 48, 50, 75

Lellouche, Pierre : p. 53

Maull, Hans W. : p.88

Mitterrand, François : pp. 55-57, 61-62

Merkel, Angela : pp. 66-67, 85, 97, 108, 111, 119-120, 123

Pflimlin, Edouard : p. 28

Rosecrance, Richard : p.88

Reuter, Ernst : p. 42

Sarkozy, Nicolas : p. 108

Schabert, Tilo : p. 62

Scheer, François : p. 51

Schröder, Gerhard : pp. 49, 68, 75, 78-79, 81, 85, 92, 104, 106, 110-111, 117-120, 128, 154

Schmidt, Helmut : pp. 50, 67, 75, 95,

Schumacher, Kurt : pp. 42, 46

Schumann, Robert : p. 43

Sloterdjick, Peter : p. 81

Solana, Javier : pp. 25, 27, 31

Steinmeier, Franz-Walter : pp. 67-68, 82

Struck, Peter : pp. 49, 93, 136

Teltschik, Horst : p. 57

Varwick, Johannes : p. 45

Védrine, Hubert :: p.107
Walters, Vernon : p. 58
Weidenfeld,Werner : pp. 60-61
Wieczorek-Zeul, Heidemarie : p. 80

Table des matières

Préface 7

Remerciements 11

Sommaire 13

Introduction 15

Avant-propos : qu'est-ce que la PESD ? 21
   1) Brève histoire de la PESD 23
   2) Des institutions complexes 28
      2-a) Les organes politico-militaires du Conseil de l'Union
      Européenne 28
      2-b) Les structures intégrées 31
   3) Les défis auxquels est confrontée la PESD 32
      3-a) Les faiblesses militaires de l'UE 32
      3-b) Les relations entre la PESD et l'OTAN 32

Première partie : éléments pour une compréhension de la politique étrangère et de sécurité de l'Allemagne 37

   A) La politique étrangère allemande de 1945 à la réunification 41
      A-1) Faire de la RFA un Etat souverain et respectable : entre recherche de la sécurité et engagement multilatéral 42
         A-1-a) Quelle politique étrangère pour l'Allemagne ? 42
         A-1-b) L'ancrage à l'ouest : assurer la sécurité 42
         A-1-c) L'engagement multilatéral 45
      A-2) La perception du monde extérieur 47
         A-2-a) L'influence américaine 47
         A-2-b) "*Quand l'Allemagne ne pensait plus le monde*" (Anne-Marie le Gloannec) : le consensus comme outil diplomatique 50
      A-3) L'enjeu principal : la réunification 52
         A-3-a) Un objectif majeur de la RFA 52
         A-3-b) Le processus d'unification : le rôle de la France et des Etats-Unis 53
            A-3-b-1) La position française 53
            A-3-b-2) L'attitude américaine 58

A-3-c) La perception allemande des événements............60
    A-3-c-1) La reconnaissance à l'égard des Etats-Unis.....60
    A-3-c-2) L'amertume à l'égard de la France................61

B) Fondements de la politique étrangère et de sécurité de l'Allemagne depuis la réunification..................65

*B-1) Les acteurs de la politique internationale de l'Allemagne*66
  B-1-a) La prise de décision : les acteurs politiques..........66
    B-1-a-1) Le Chancelier et son gouvernement.................66
    B-1-a-2) Le *Bundestag*..68
  B-1-b) La mise en œuvre : les diplomates......................70
    B-1-b-1) La carrière à l'*Auswärtiges Amt*......................70
    B-1-b-2) Un style diplomatique allemand ?.....................72
  B-1-c) Les acteurs du débat intellectuel..........................75
    B-1-c-1) Au sein des partis politiques.............................75
    B-1-c-2) Les fondations..76
    B-1-c-3) Les centres de recherche.................................76
    B-1-c-4) L'influence des centres de recherche et des fondations..77

B-2) Des facteurs structurels qui influent sur la politique étrangère...78
  B-2-a) Une nouvelle relation avec les Etats-Unis............78
  B-2-b) Le rapport au passé et le débat sur la puissance.80
  B-2-c) Allemand ou européen ? Le rapport à la patrie...83

B-3) Grands traits de la politique étrangère et de sécurité de l'Allemagne depuis la réunification..85
  B-3-a) Une "normalisation" de la politique étrangère allemande ?..85
    B-3-a-1) Un nouveau rôle en politique étrangère............85
    B-3-a-2) La persistance de facteurs structurels...............86
    B-3-a-3) Un horizon modeste..87
  B-3-b) La réalité de la puissance allemande....................88
    B-3-b-1) L'émergence d'un nouveau type d'Etat ?.........88
    B-3-b-2) Le décalage entre la puissance réelle de l'Allemagne et l'image que s'en font les Allemands......89
    B-3-b-3) La forte réticence à projeter de la puissance.....90
  B-3-c) Quelle politique de sécurité pour l'Allemagne ?..91
    B-3-c-1) La militarisation de l'action extérieure............91
    B-3-c-2) L'Allemagne a-t-elle un concept stratégique ?.94
    B-3-c-3) Une politique de sécurité malgré tout...............96

Deuxième partie : *l'Allemagne et la construction de la Politique Européenne de Sécurité et de Défense* 99

A) Le rôle de l'Allemagne dans la construction de la PESD : la lecture de la politique étrangère 103
A-1) L'Europe et les menaces qui pèsent sur elle 103
A-1-a) Quelle Europe pour l'Allemagne ? 103
A-1-a-1) La présidence de l'Union en 1999 104
A-1-a-2) Les propositions européennes de Joschka Fischer 106
A-1-b) Le rôle pour l'Europe dans le monde et la réponse face aux menaces 109
A-1-b-1) Une Europe contrepoids aux Etats-Unis ? 109
A-1-b-2) Les particularités de la perception allemande de la menace et les conséquences sur le développement de la PESD 112
A-2) Le rôle de l'Allemagne dans la construction de la PESD 116
A-2-a) La PESD au sein du discours des responsables politiques allemands 116
A-2-a-1) Gerhard Schröder et la PESD 117
A-2-a-2) La Chancelière Merkel 119
A-2-b) L'action politique effective de l'Allemagne dans la promotion de la PESD 124
A-3) Expliquer le comportement de l'Allemagne : la difficulté des analyses théoriques classiques 126
A-3-a) L'analyse néo-réaliste : le "constrained balancing" 126
A-3-b) L'analyse libérale : le rapprochement des positions et l'influence de la population 129

B) L'analyse des conditions d'élaboration des politiques publiques allemandes en matière de PESD 133
B-1) L'armée allemande et son ministère 134
B-1-a) La *Bundeswehr*, une armée unique en Europe ... 134
B-1-a-1) Une armée "otanienne" 134
B-1-a-2) Une armée toujours centrée sur la défense du territoire 136
B-1-a-3) L'armée la plus démocratique du monde 139
B-1-b) L'organisation spécifique du ministère de la défense 140
B-1-b-1) Un ministre en prise directe avec la haute hiérarchie militaire 140

        B-1-b-2) Un personnage-clef : l'officier d'état-major...142
B-2) Le manque de clarté de la position allemande sur la PESD tient au processus de prise de décision...143
    B-2-a) L'importance de la culture administrative allemande...143
    B-2-b) Les structures chargées de la PESD : une organisation éclatée et concurrentielle...144
B-3) Quelles évolutions possibles de la position allemande ? 148
    B-3-a) Le cadre général de la politique allemande dans le développement de la PESD...148
        B-3-a-1) Les rapports avec l'OTAN...148
        B-3-a-2) Une PESD plutôt militaire ou civile ?...150
        B-3-a-3) Revendications allemandes et défis futurs...152
    B-3-b) Comment coopérer avec les Allemands ?...154

Conclusion...*157*

Annexes...*163*

Liste des personnes interrogées...*193*

Index des noms cités...*207*

Table des matières...*211*

L'HARMATTAN, ITALIA
Via Degli Artisti 15 ; 10124 Torino

L'HARMATTAN HONGRIE
Könyvesbolt ; Kossuth L. u. 14-16
1053 Budapest

L'HARMATTAN BURKINA FASO
Rue 15.167 Route du Pô Patte d'oie
12 BP 226
Ouagadougou 12
(00226) 50 37 54 36

ESPACE L'HARMATTAN KINSHASA
Faculté des Sciences Sociales,
Politiques et Administratives
BP243, KIN XI ; Université de Kinshasa

L'HARMATTAN GUINEE
Almamya Rue KA 028
En face du restaurant le cèdre
OKB agency BP 3470 Conakry
(00224) 60 20 85 08
harmattanguinee@yahoo.fr

L'HARMATTAN COTE D'IVOIRE
M. Etien N'dah Ahmon
Résidence Karl / cité des arts
Abidjan-Cocody 03 BP 1588 Abidjan 03
(00225) 05 77 87 31

L'HARMATTAN MAURITANIE
Espace El Kettab du livre francophone
N° 472 avenue Palais des Congrès
BP 316 Nouakchott
(00222) 63 25 980

L'HARMATTAN CAMEROUN
BP 11486
Yaoundé
(00237) 458 67 00
(00237) 976 61 66
harmattancam@yahoo.fr

Achevé d'imprimer en février 2009 sur presse numérique
par CPI, Firmin Didot
Le Mesnil-sur-l'Estrée

N° d'impression : 94062
Dépôt légal : Février 2009

Imprimé en France